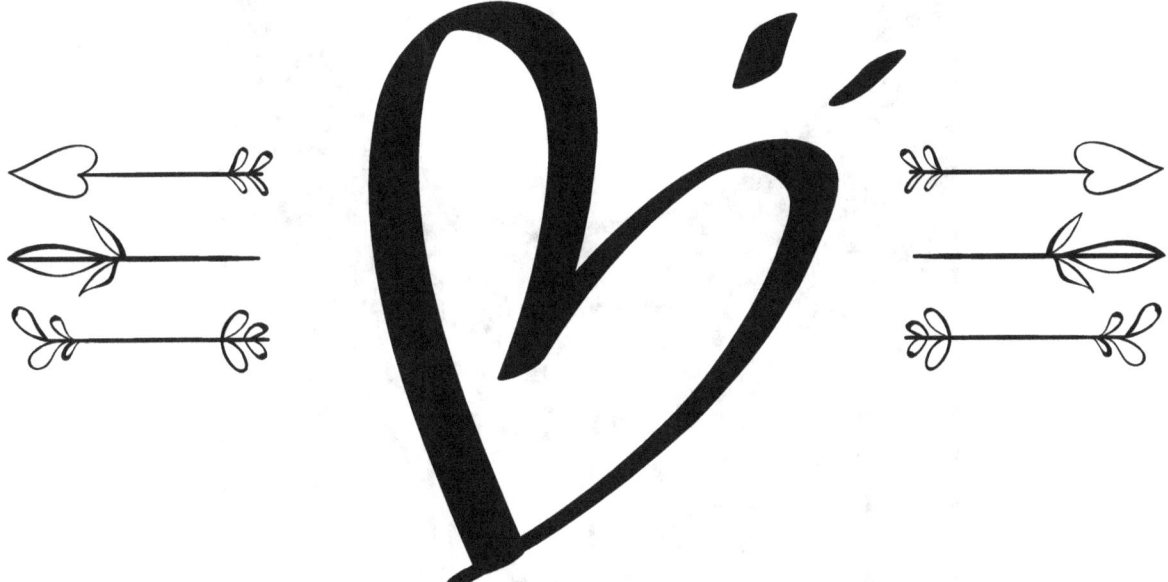

Ce Livre

Appartient à

Colorez Cette Lune

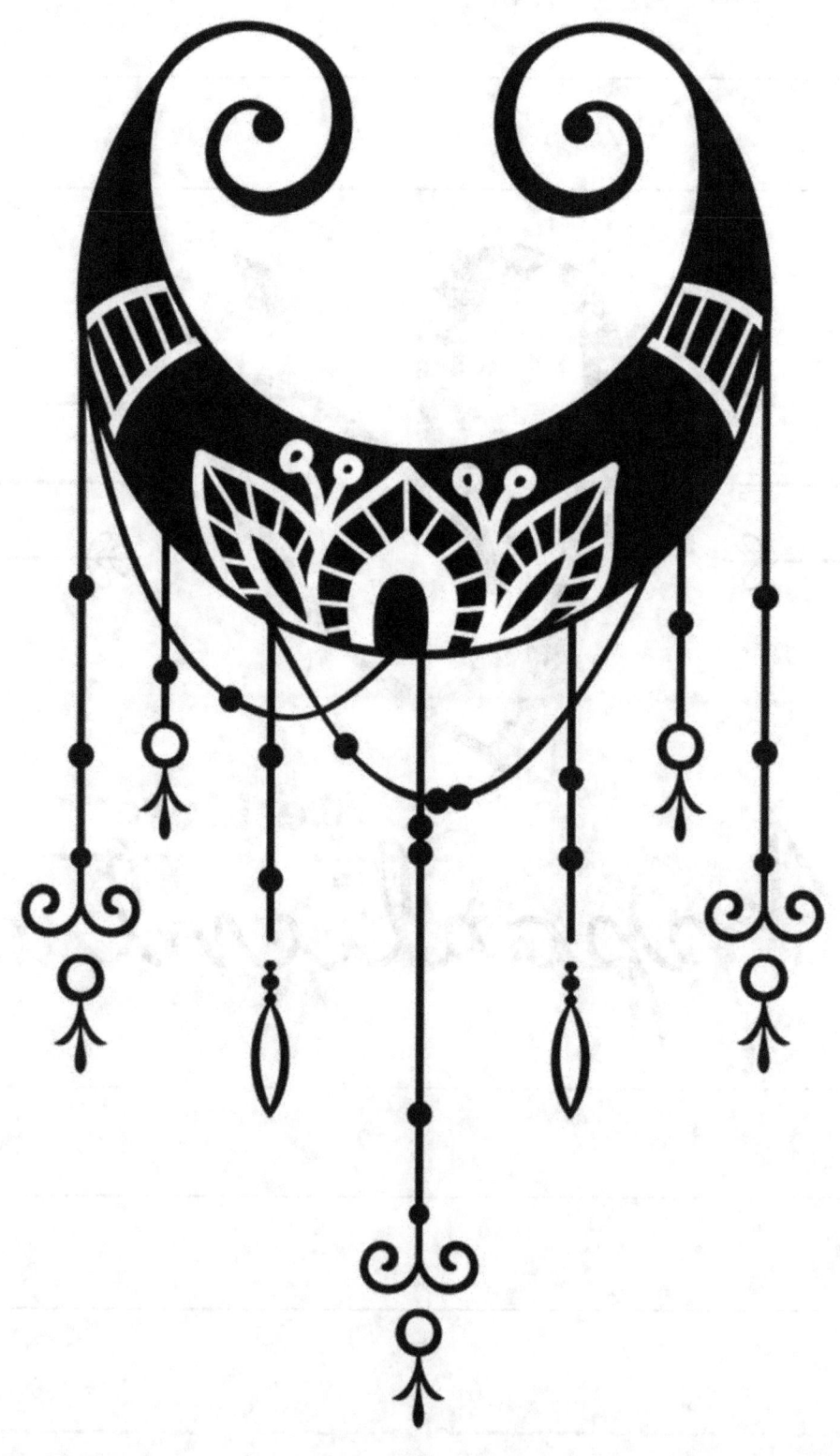

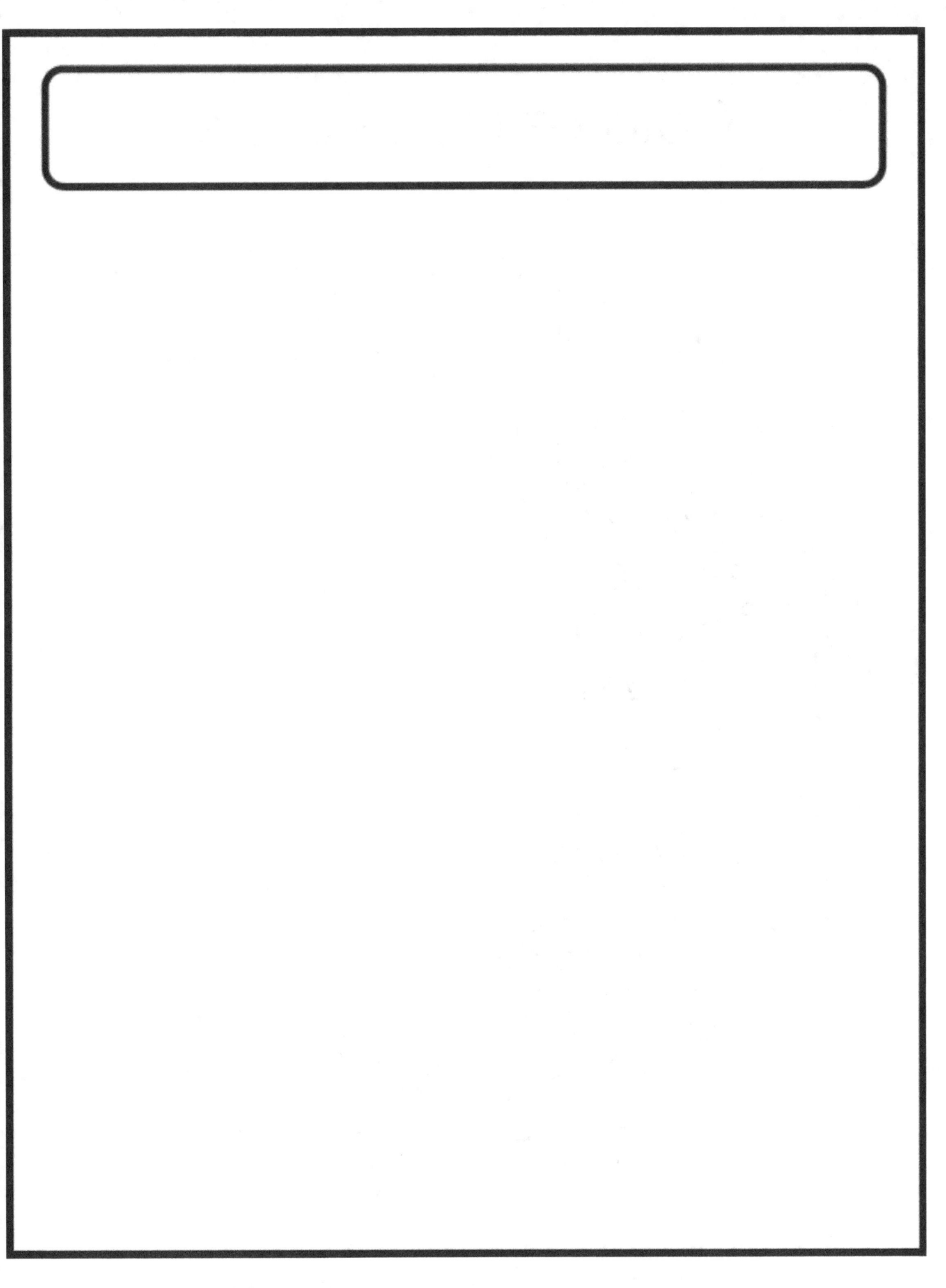

Colorez Cette Lune

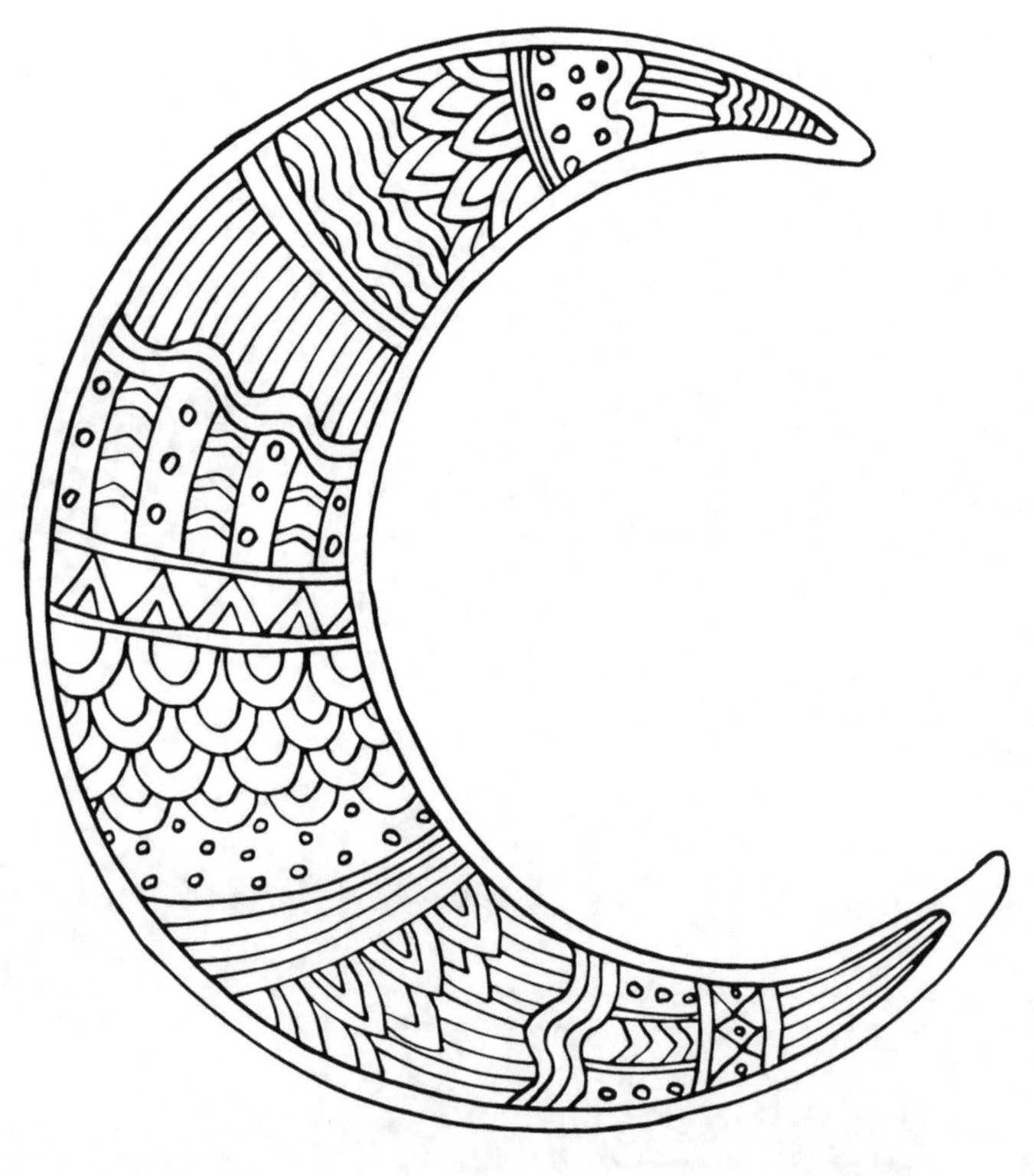

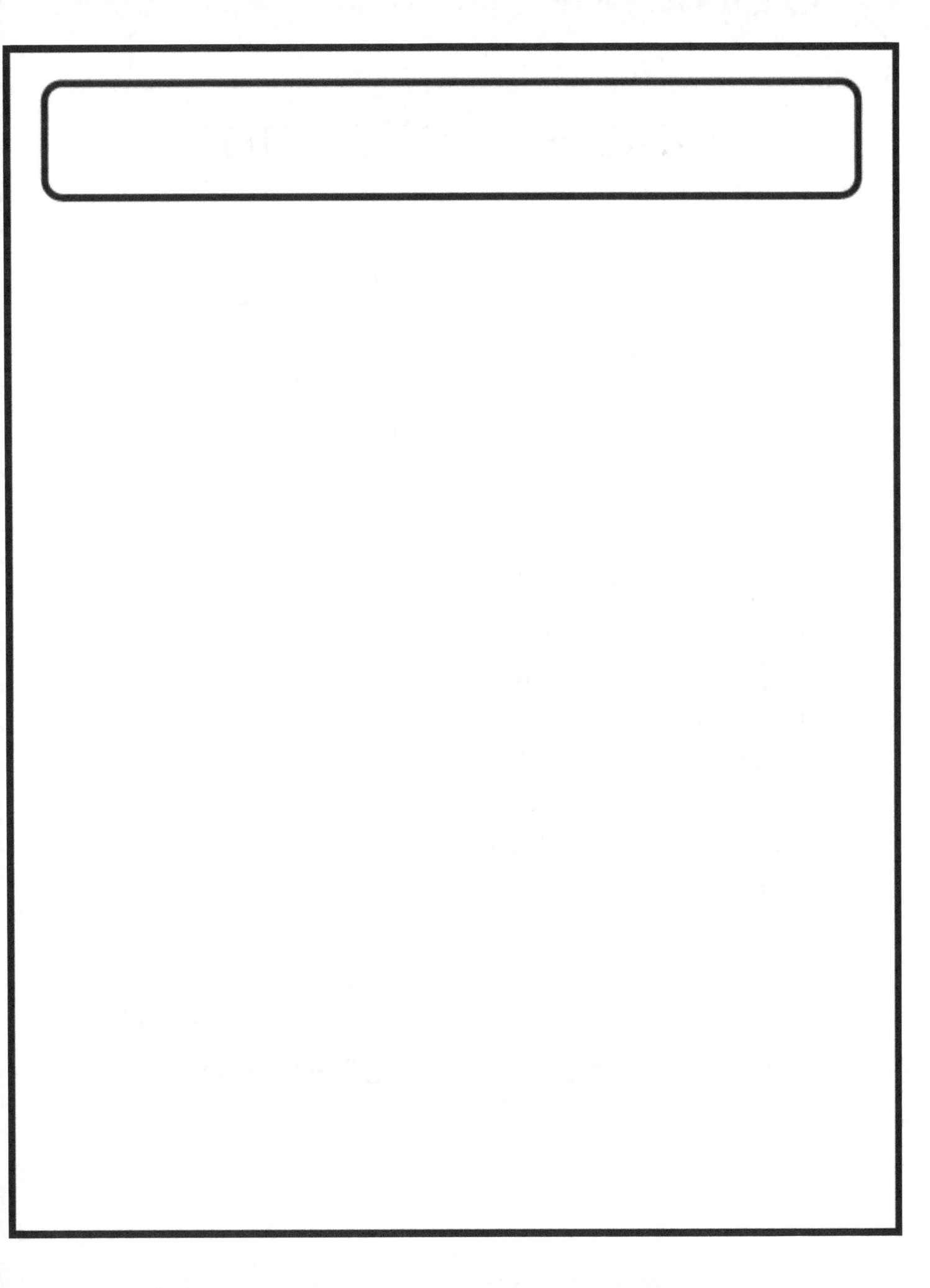

Colorez Cette Lune

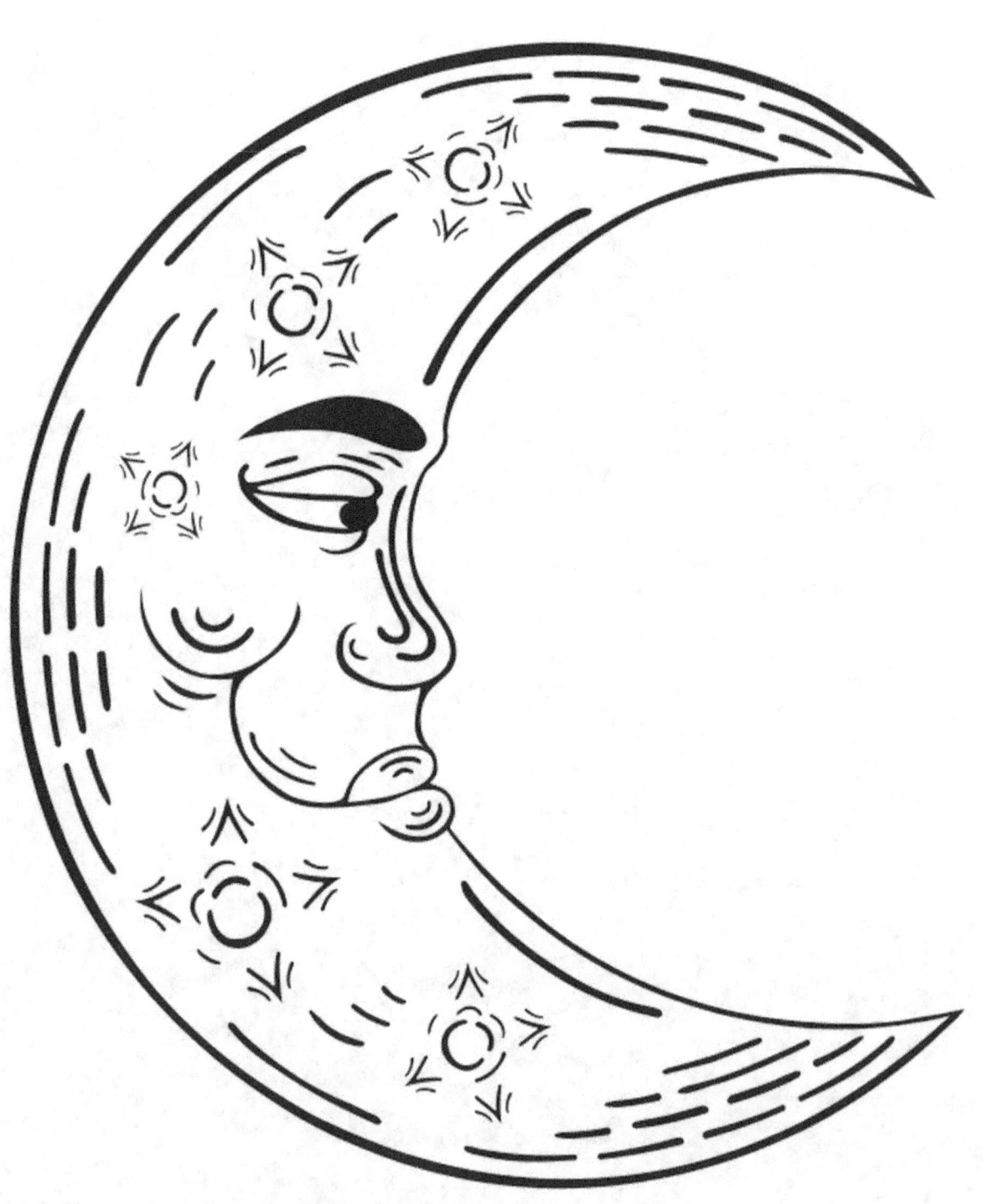

Colorez Cette Lune

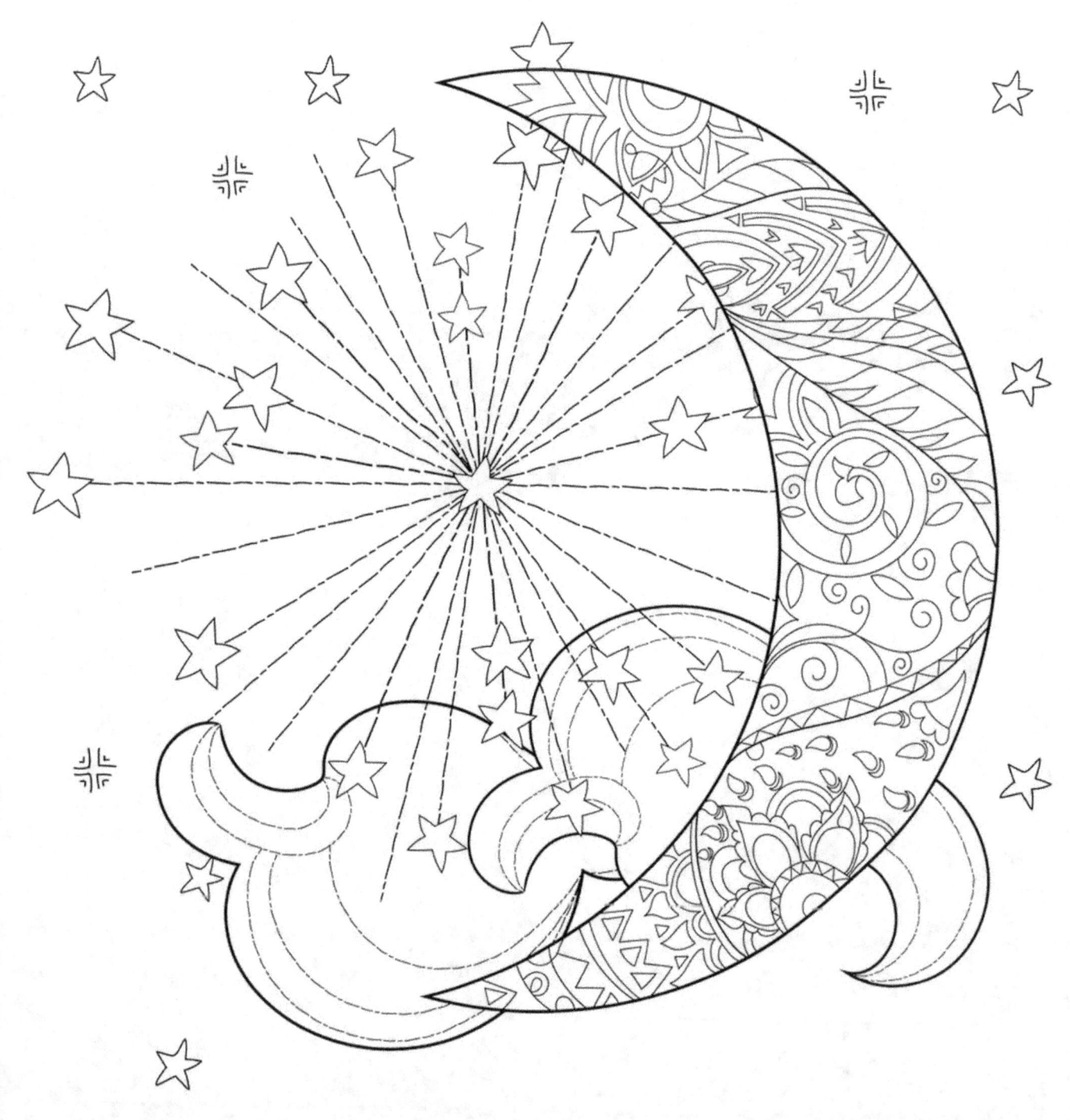

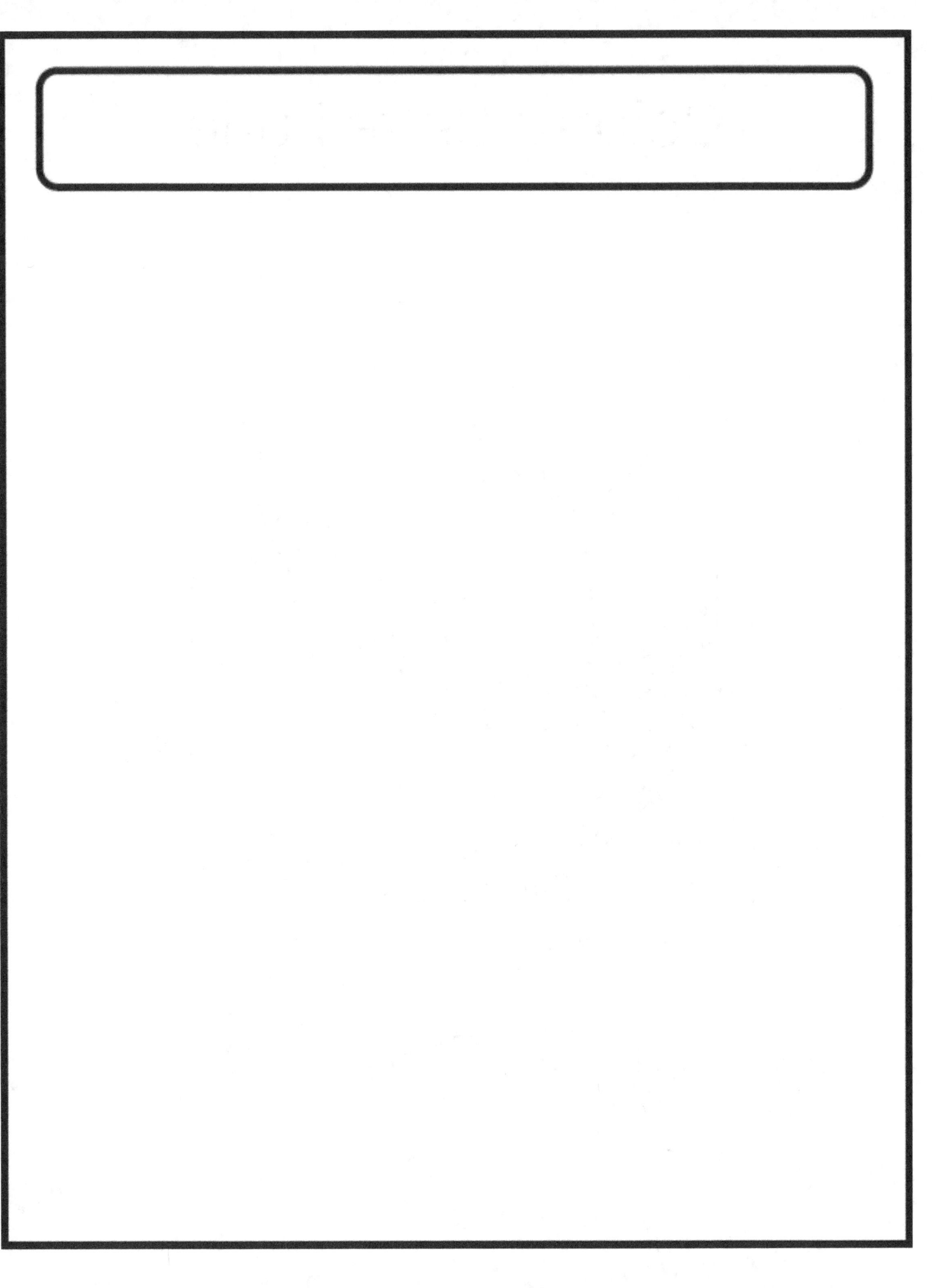

Colorez Cette Lune

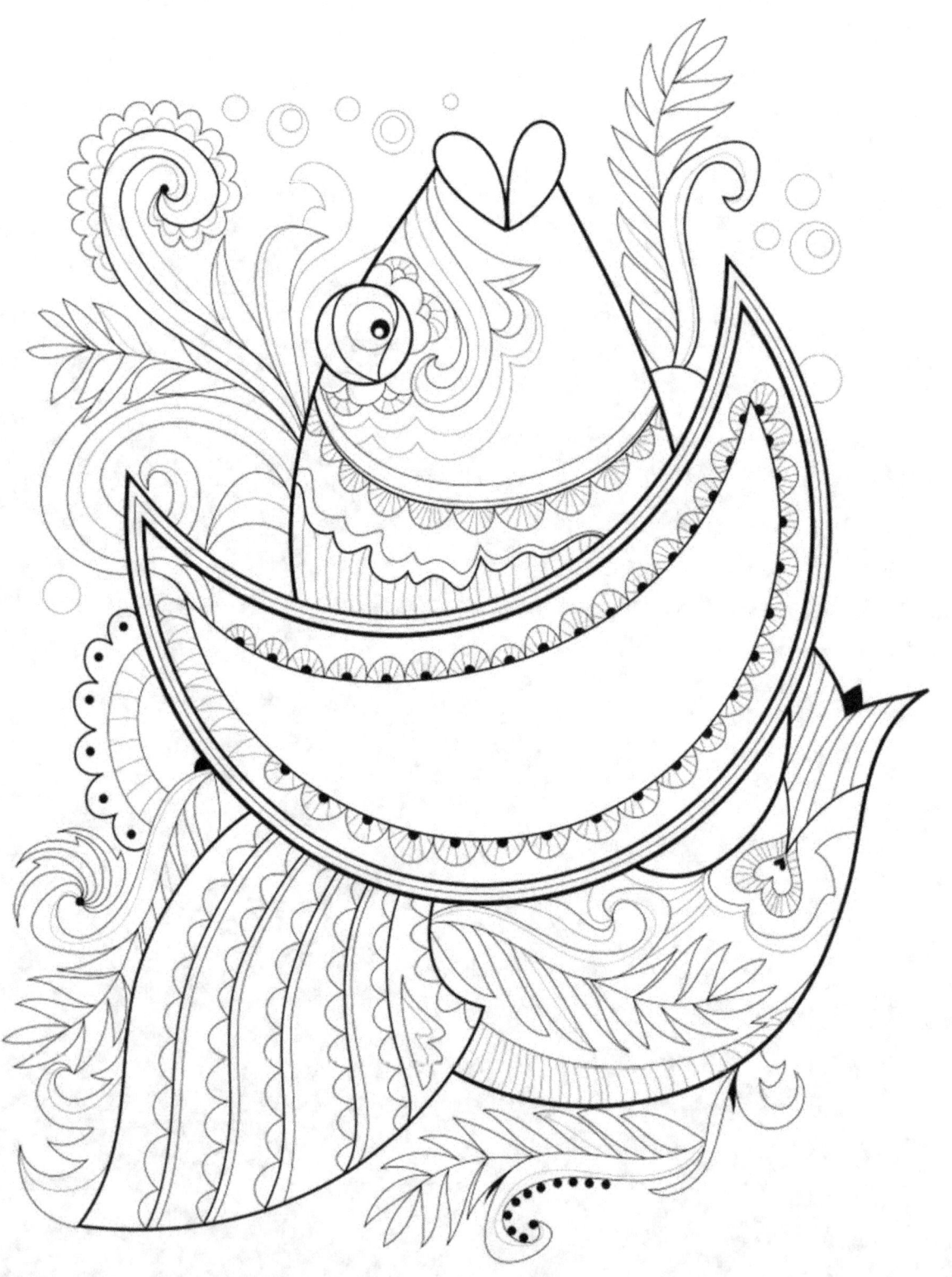

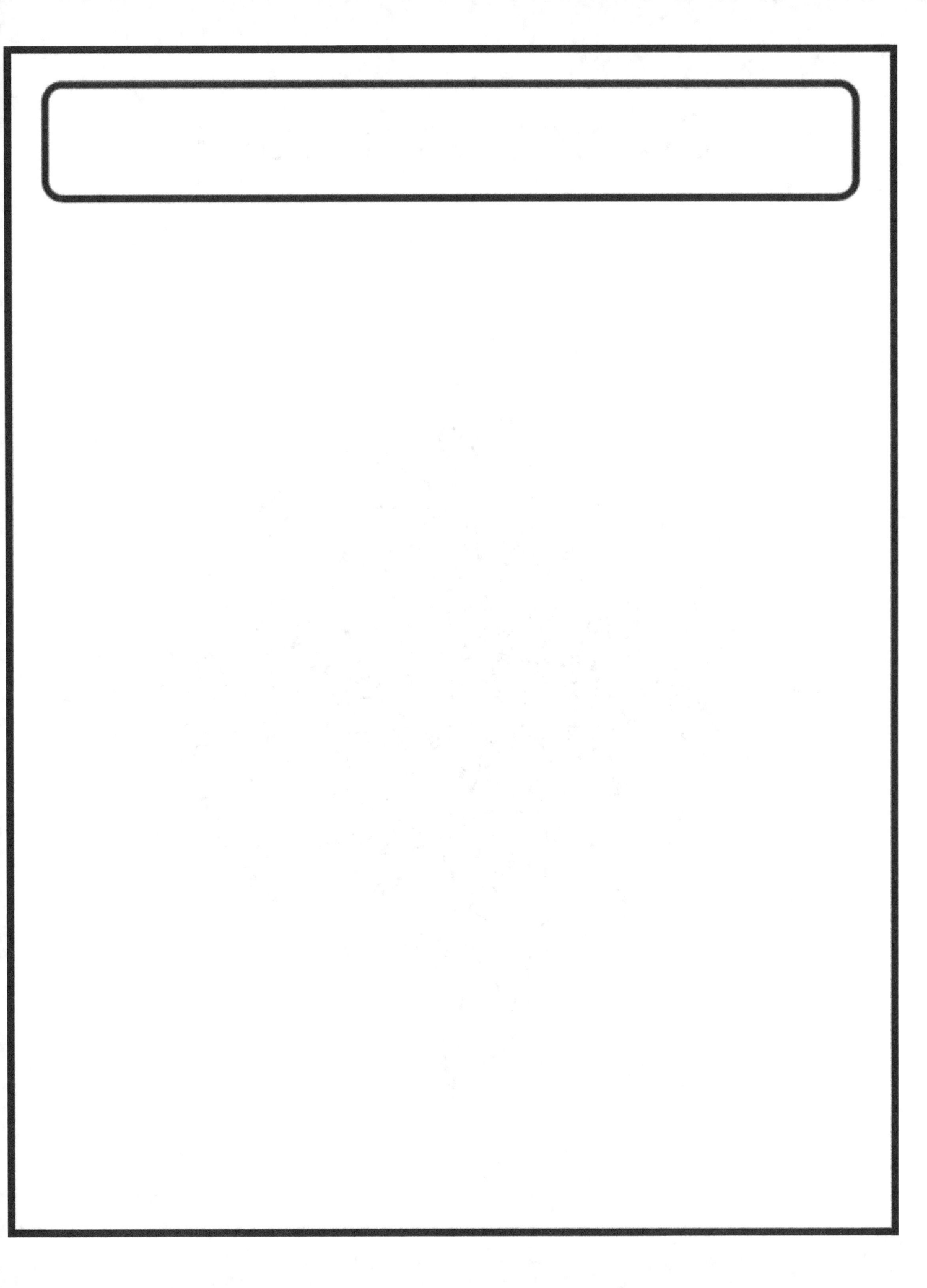

Colorez Cette Lune

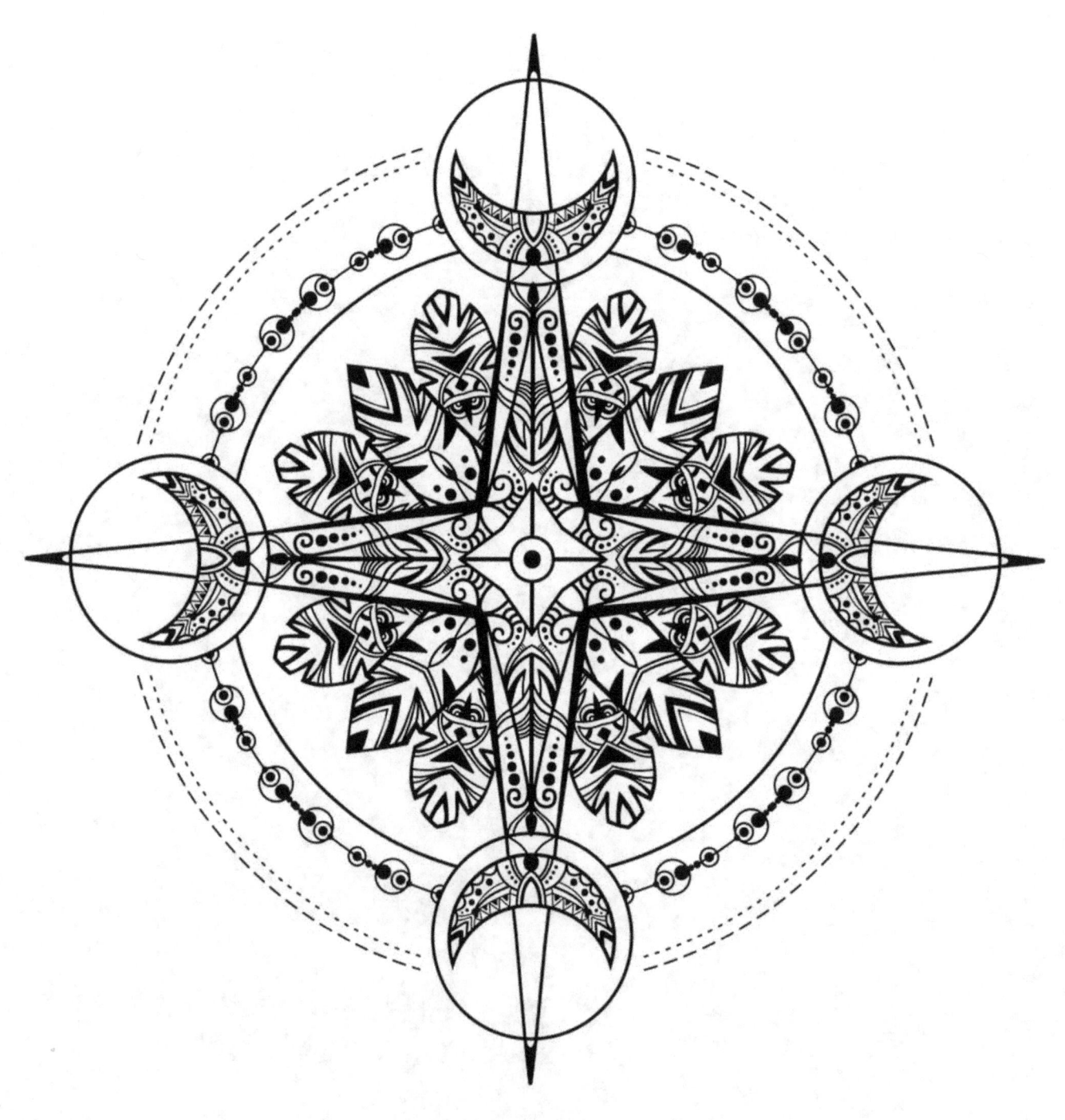

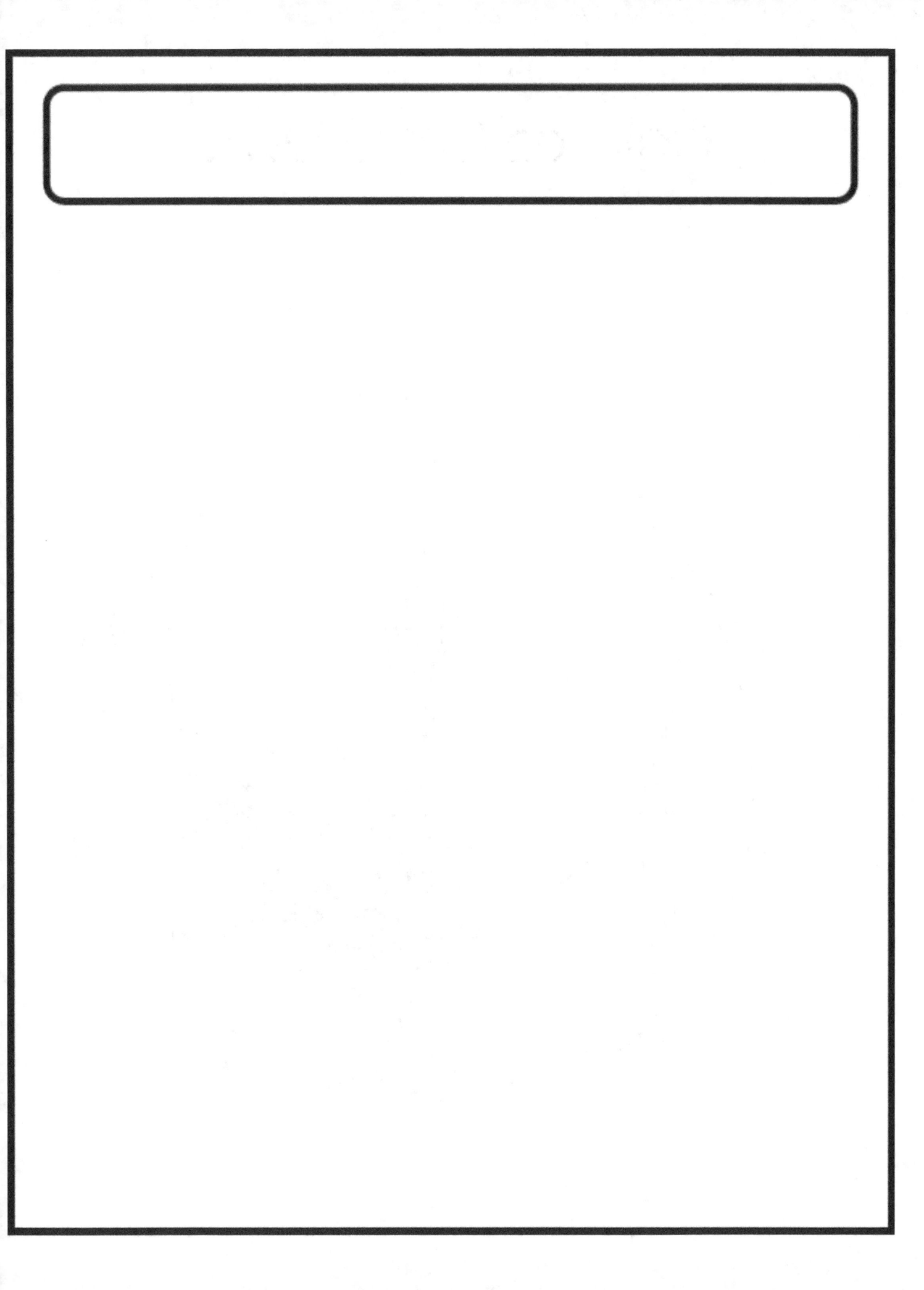

Colorez Cette Lune

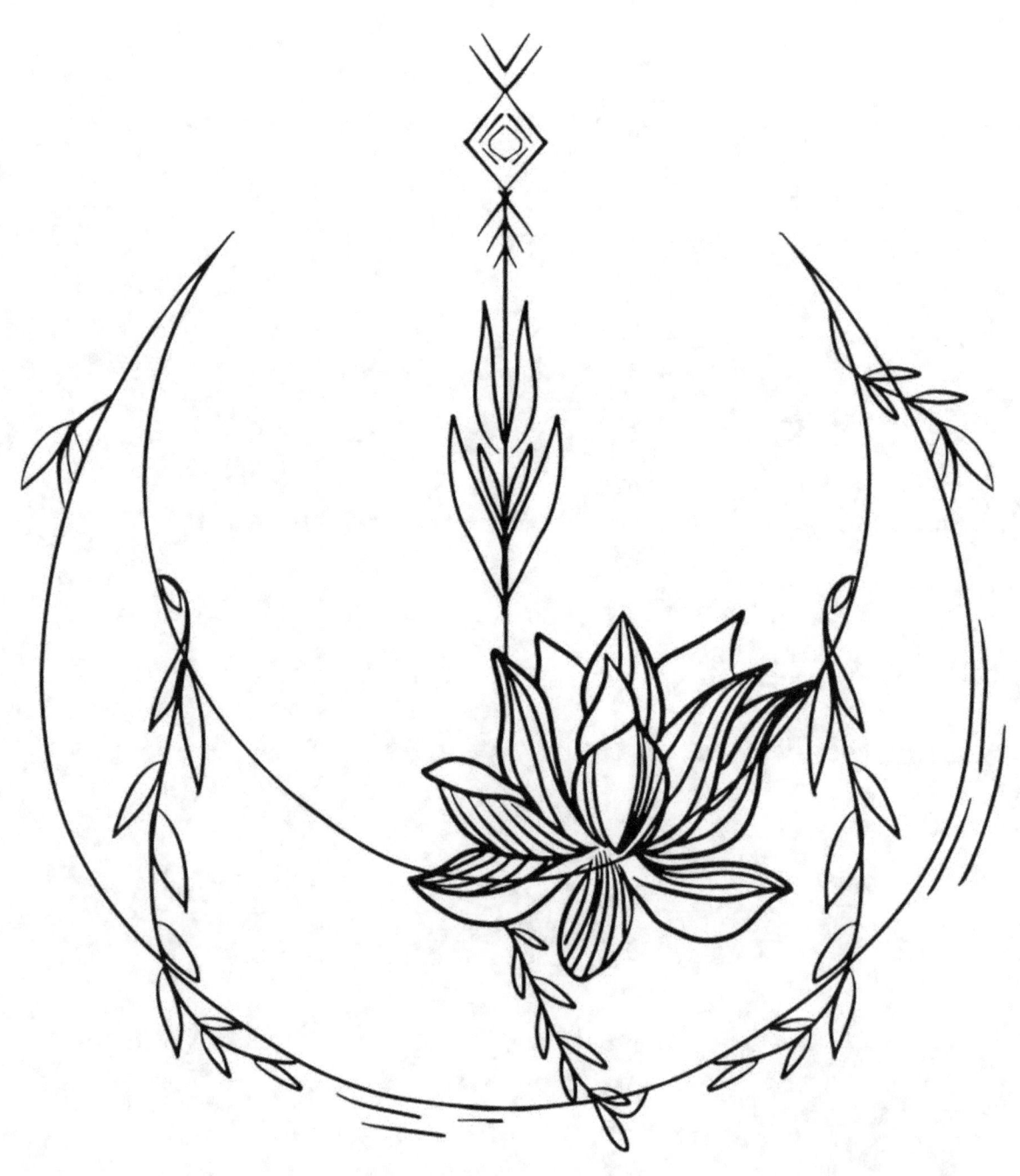

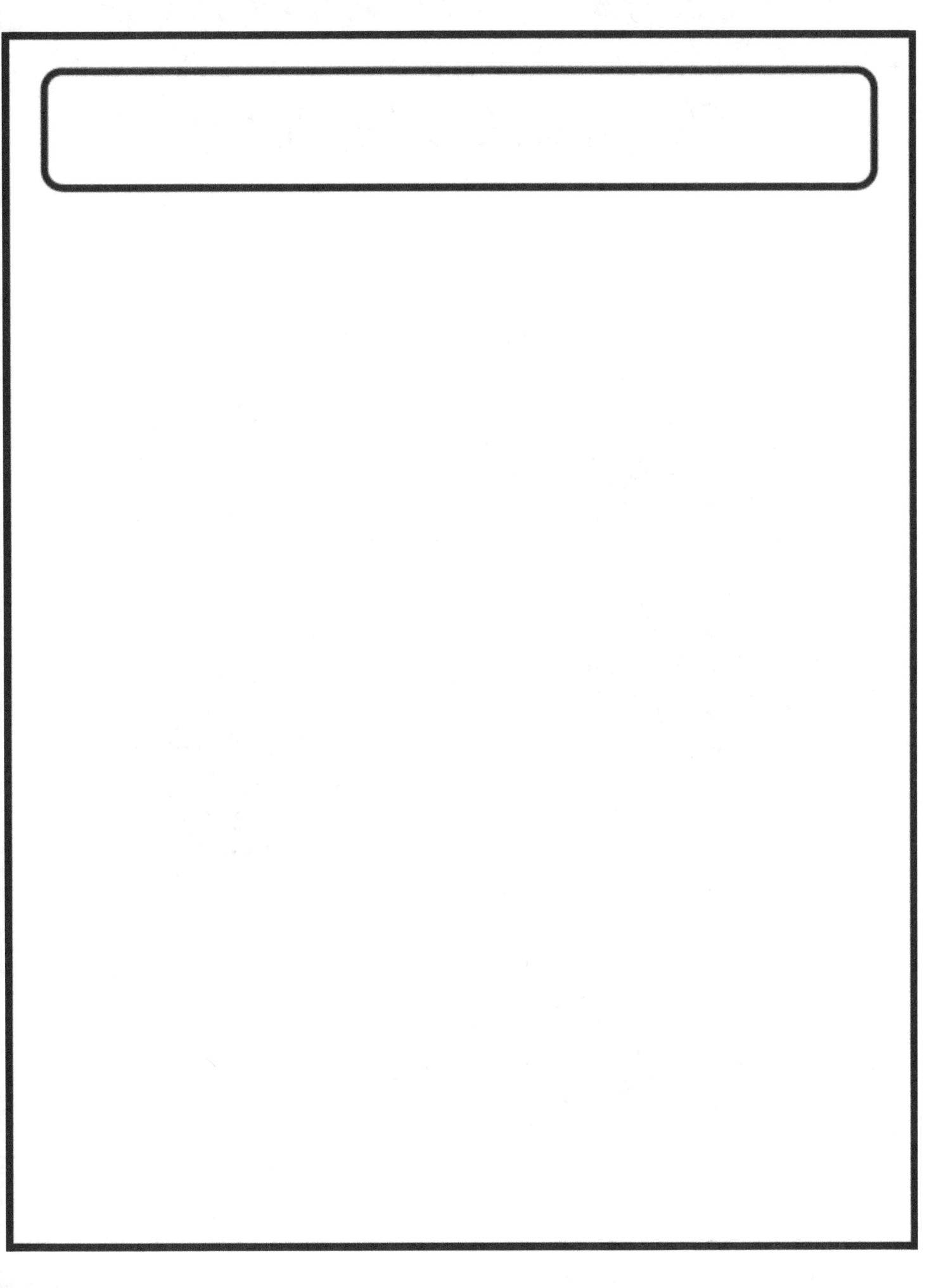

Colorez Cette Lune

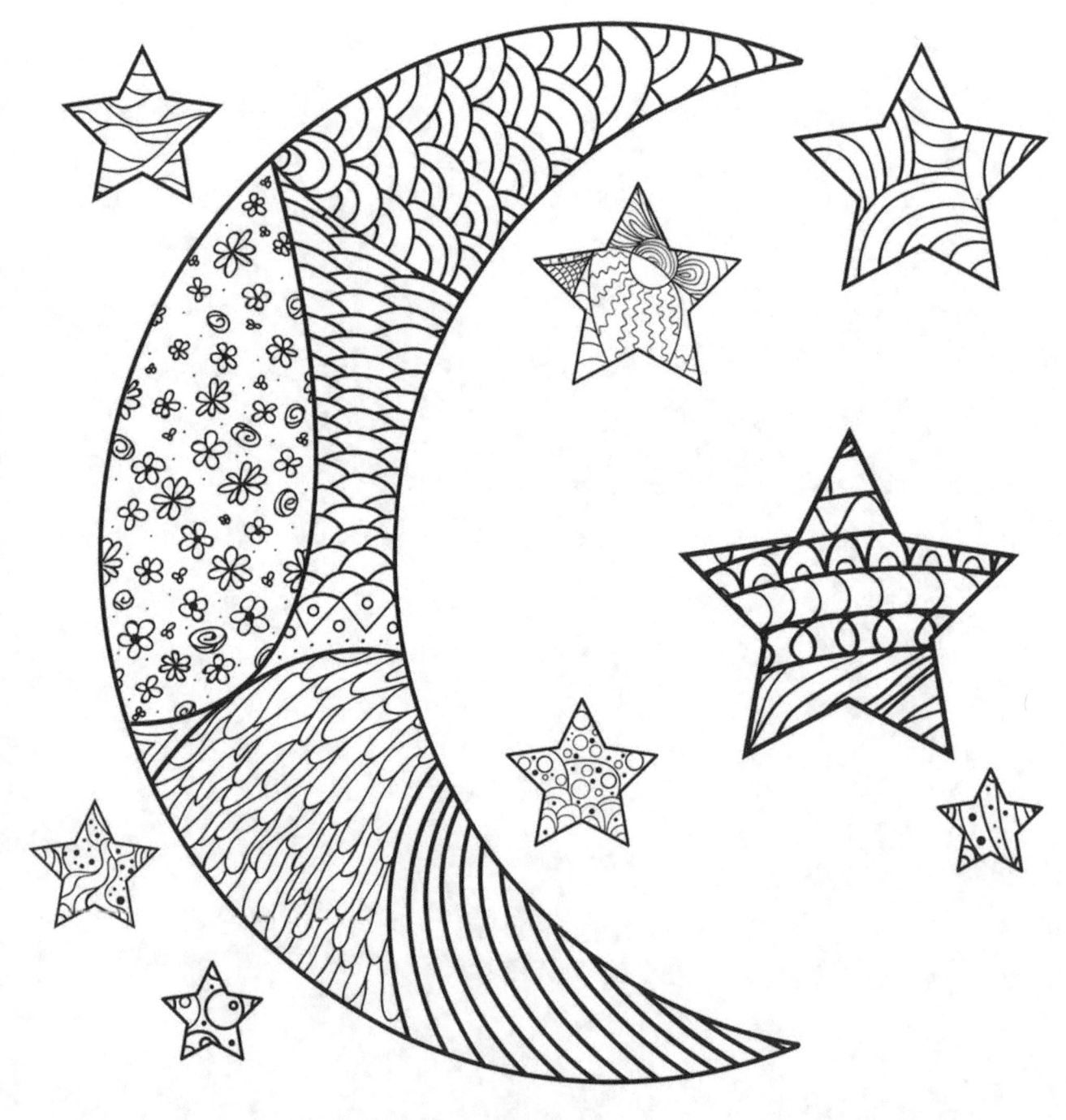

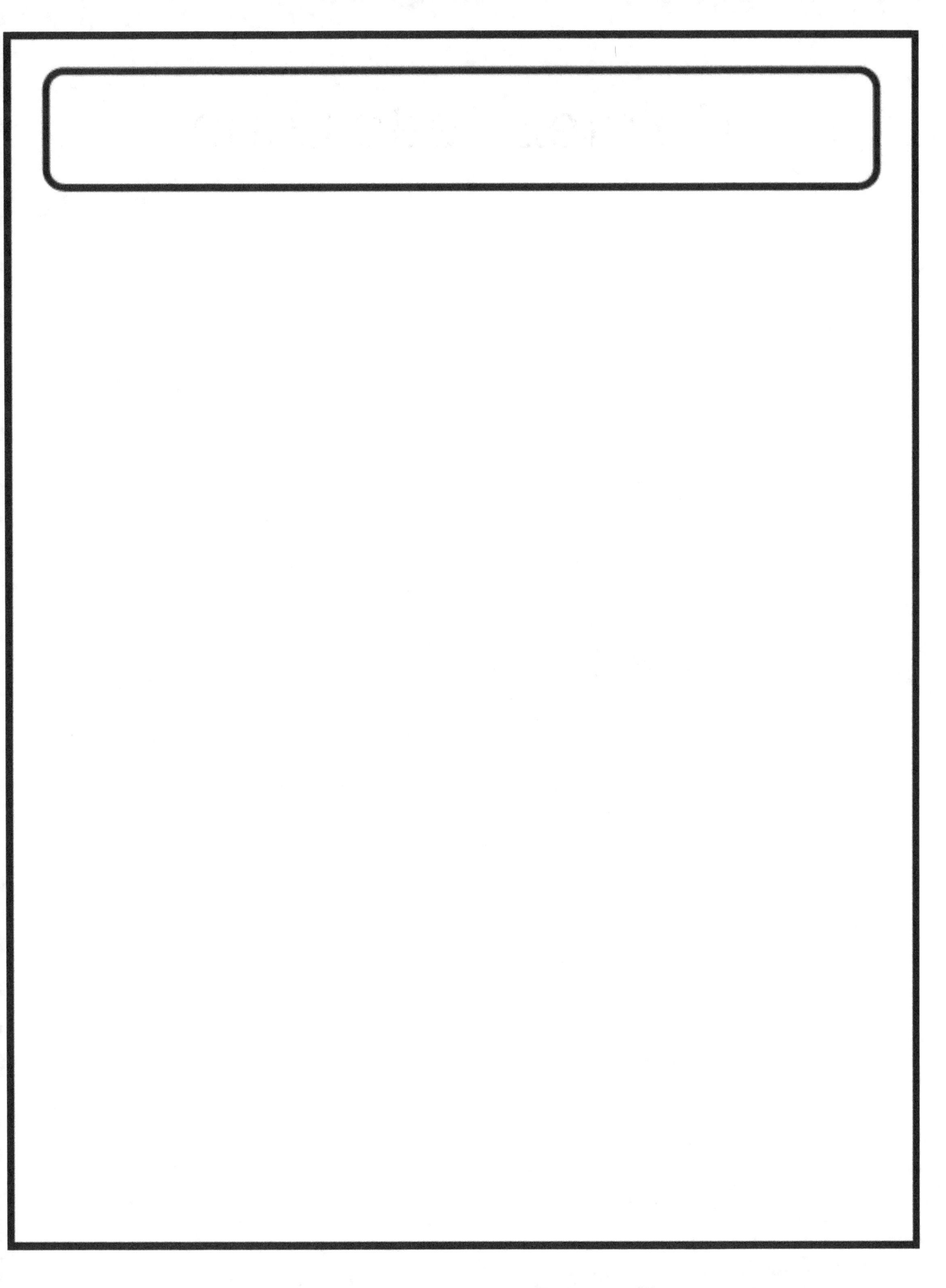

Colorez Cette Lune

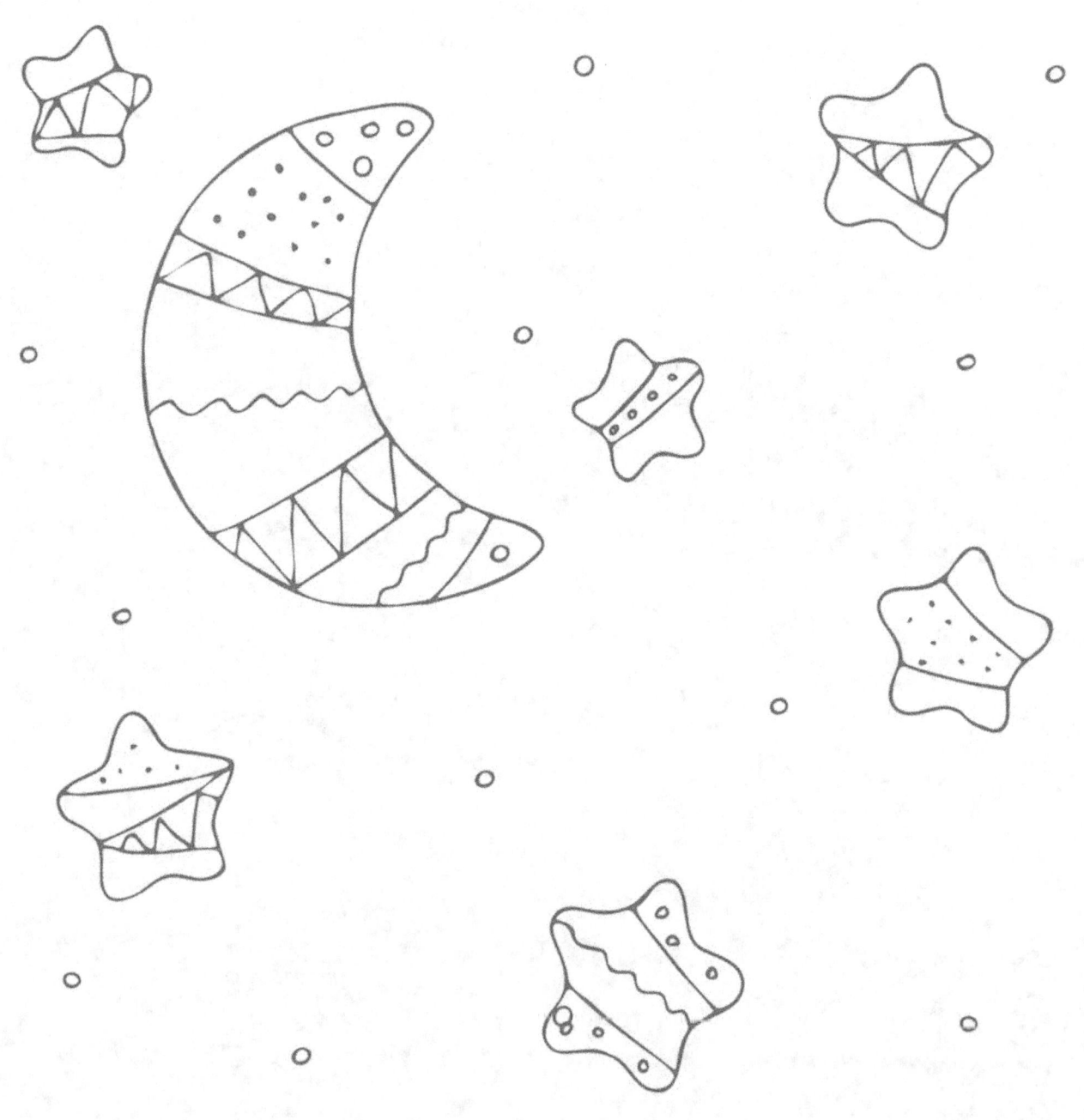

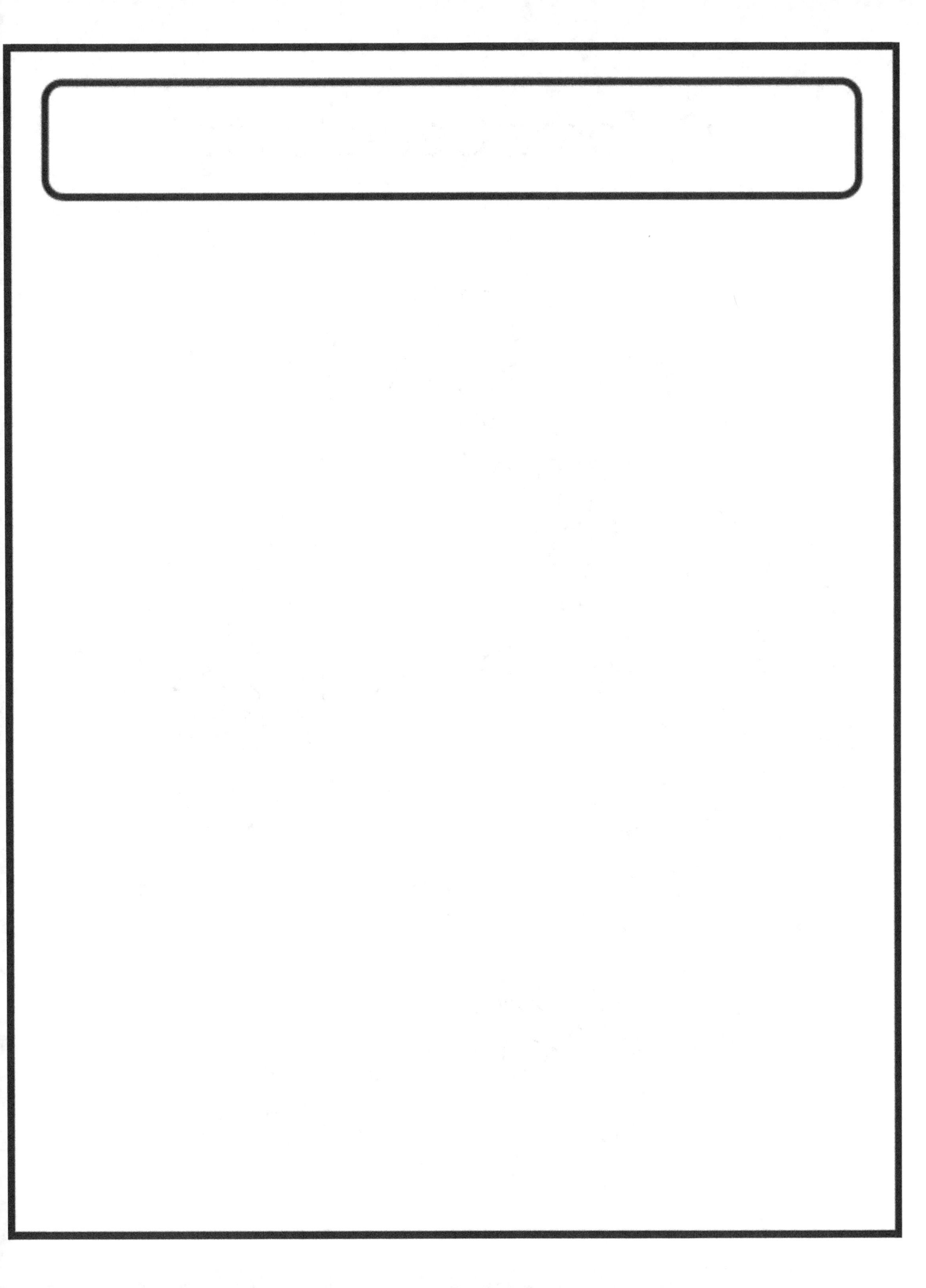

Colorez Cette Lune

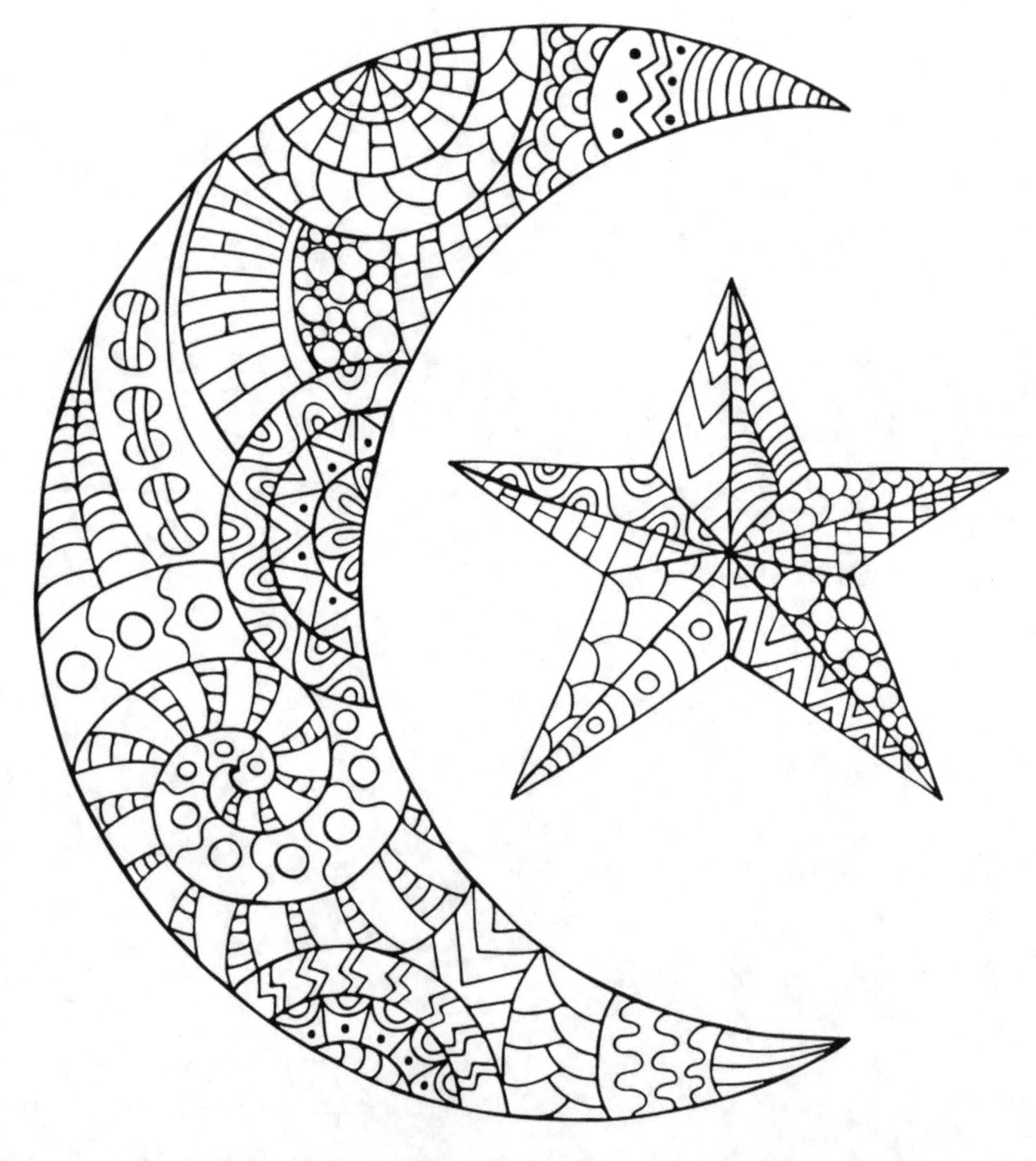

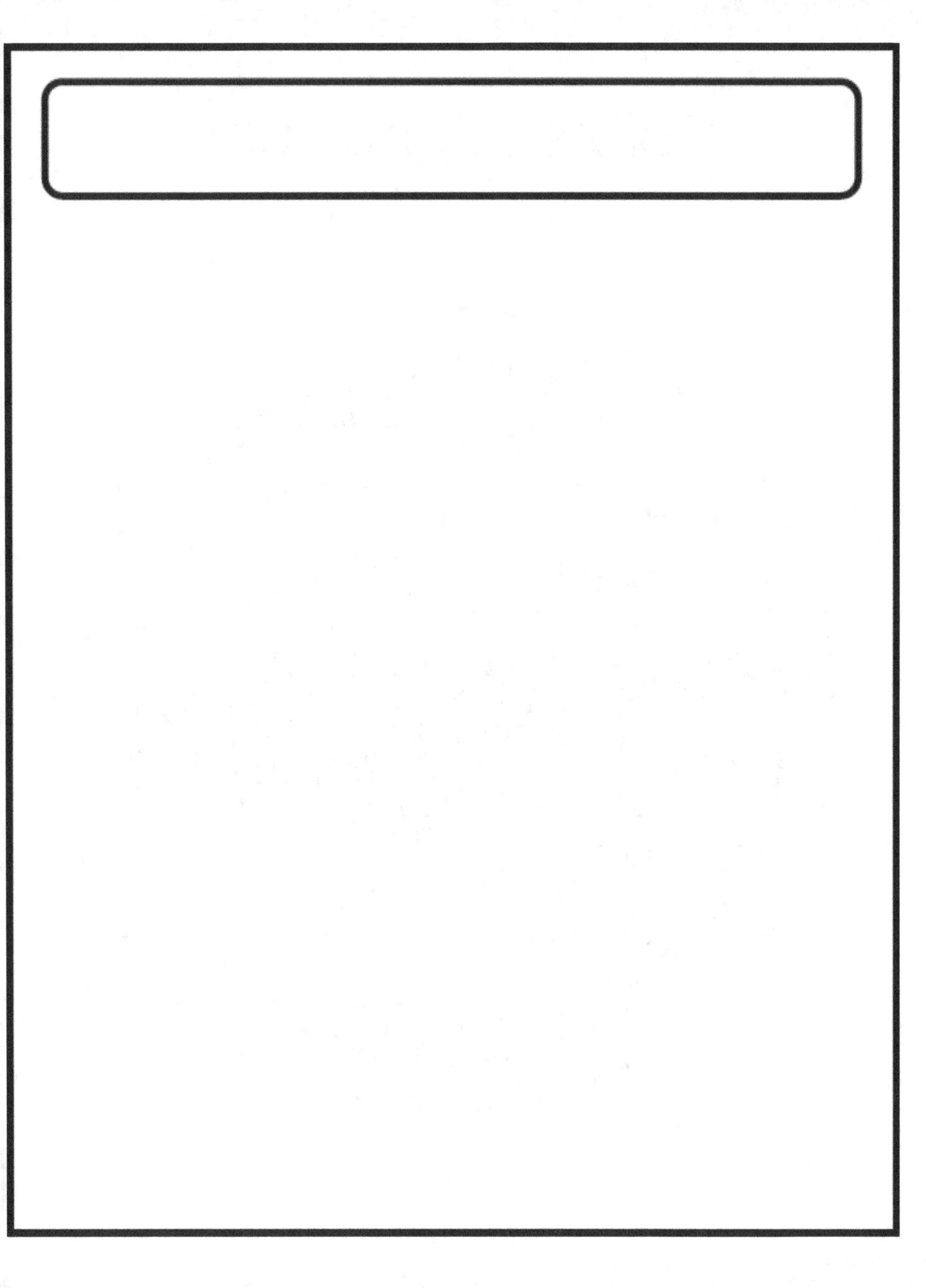

Colorez Cette Lune

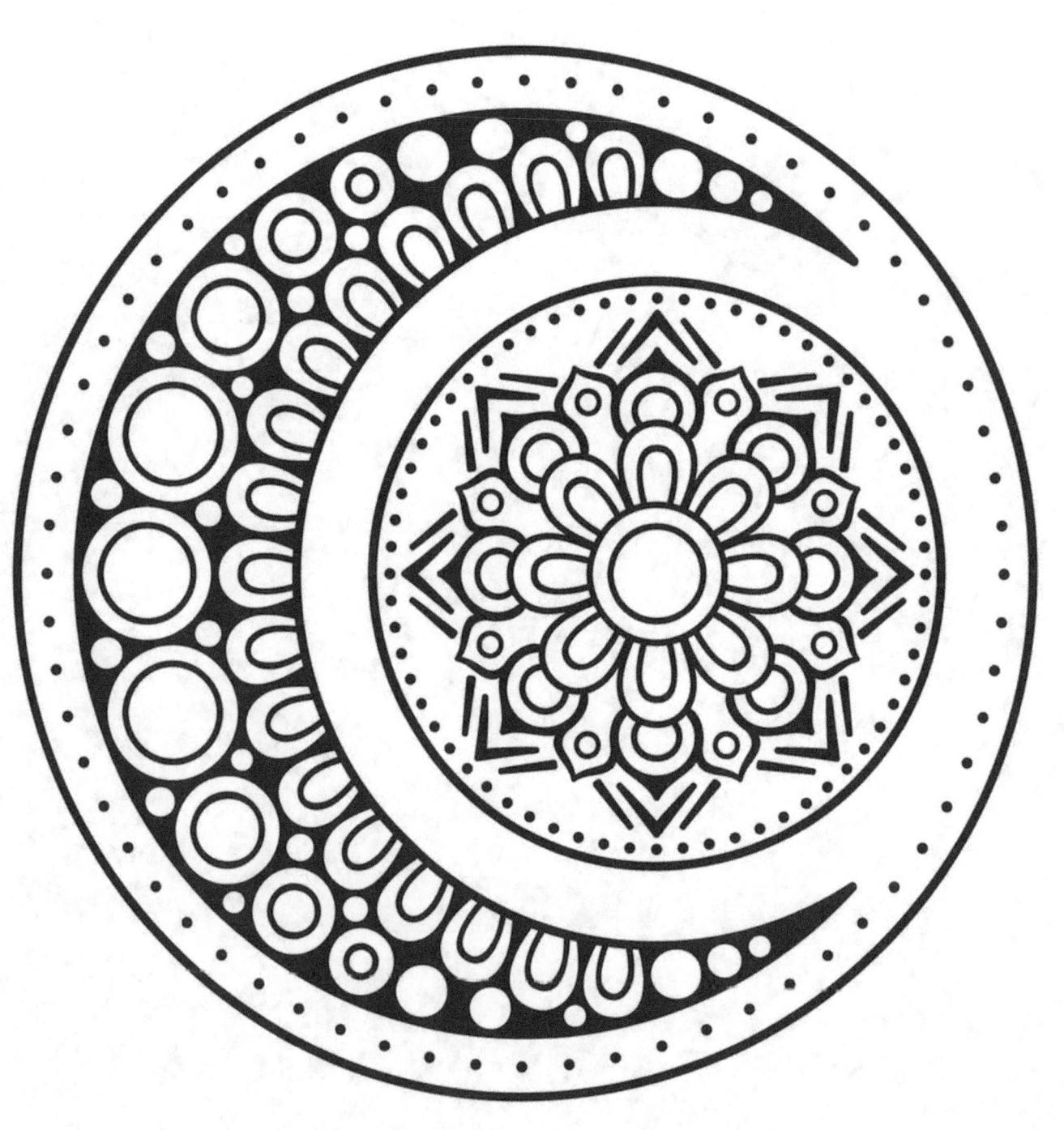

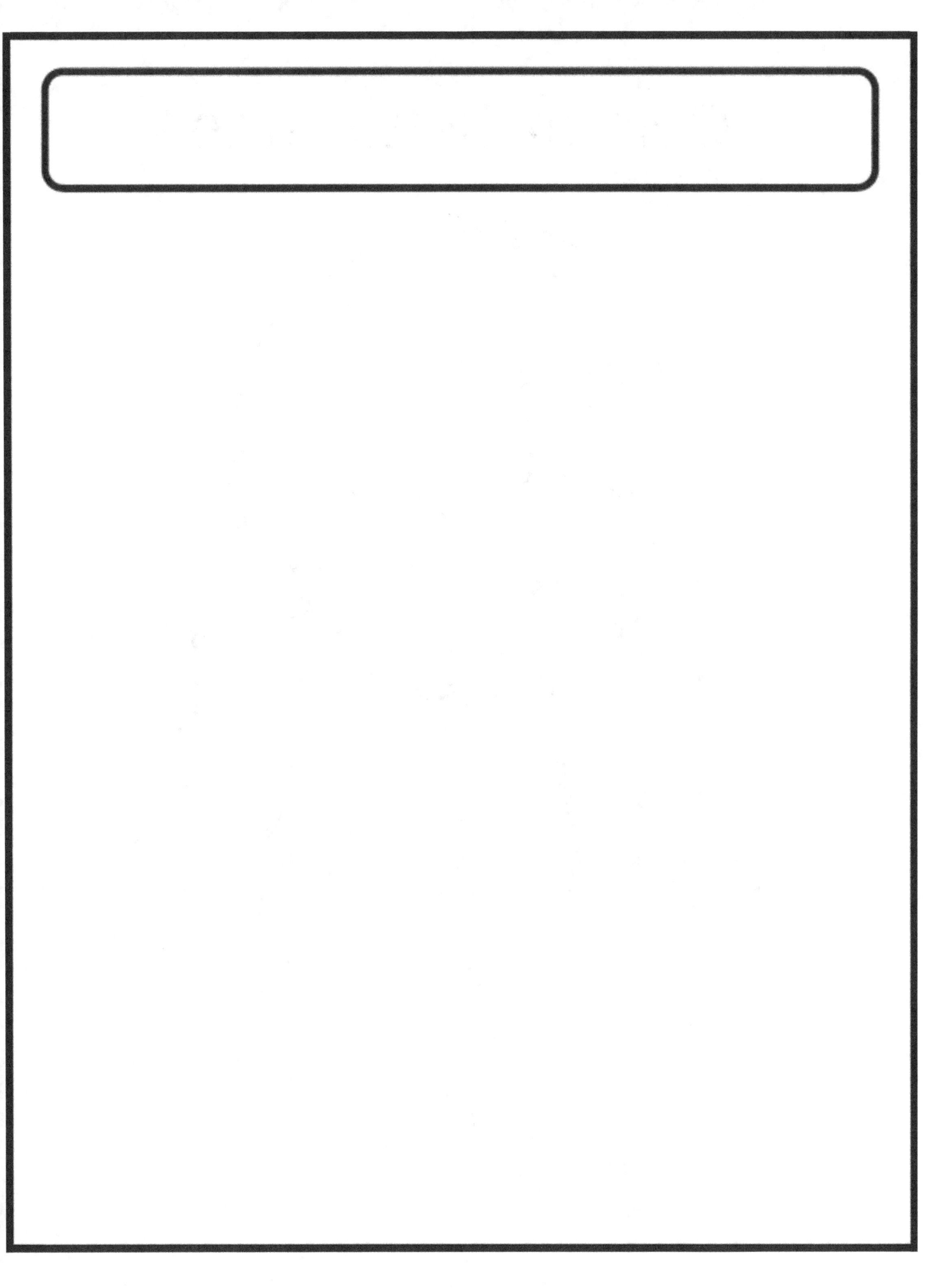

Colorez Cette Lune

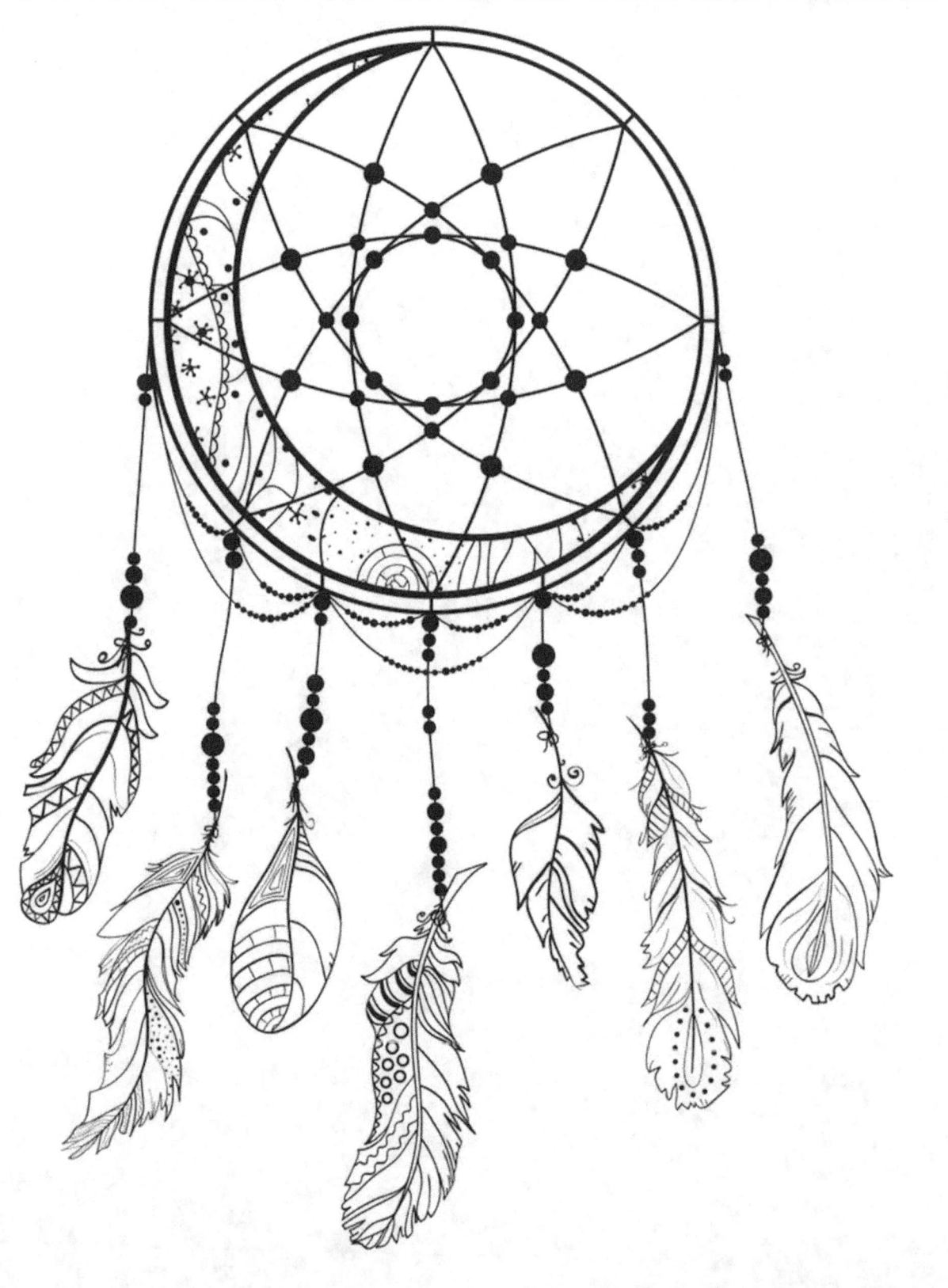

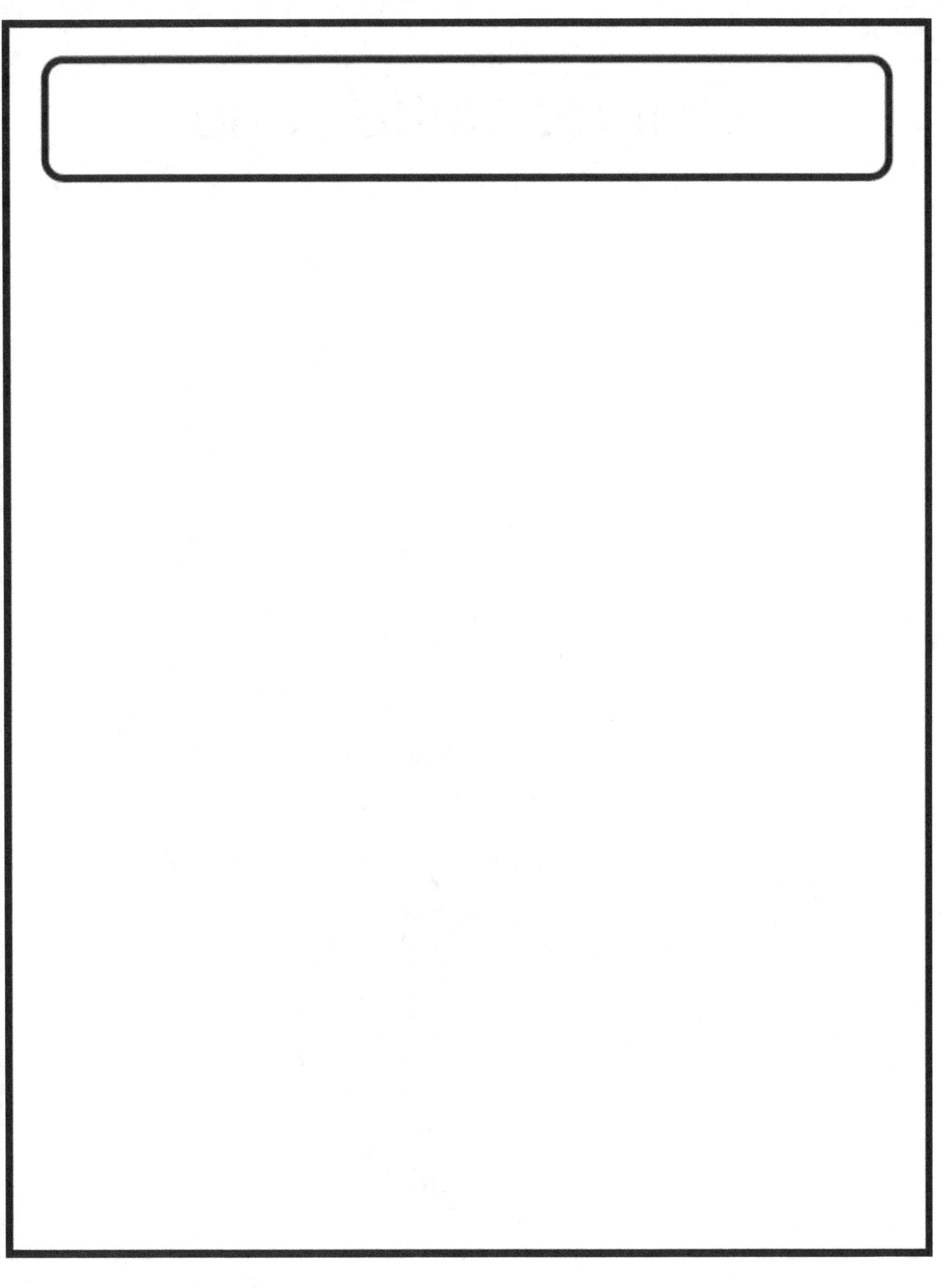

Colorez Cette Lune

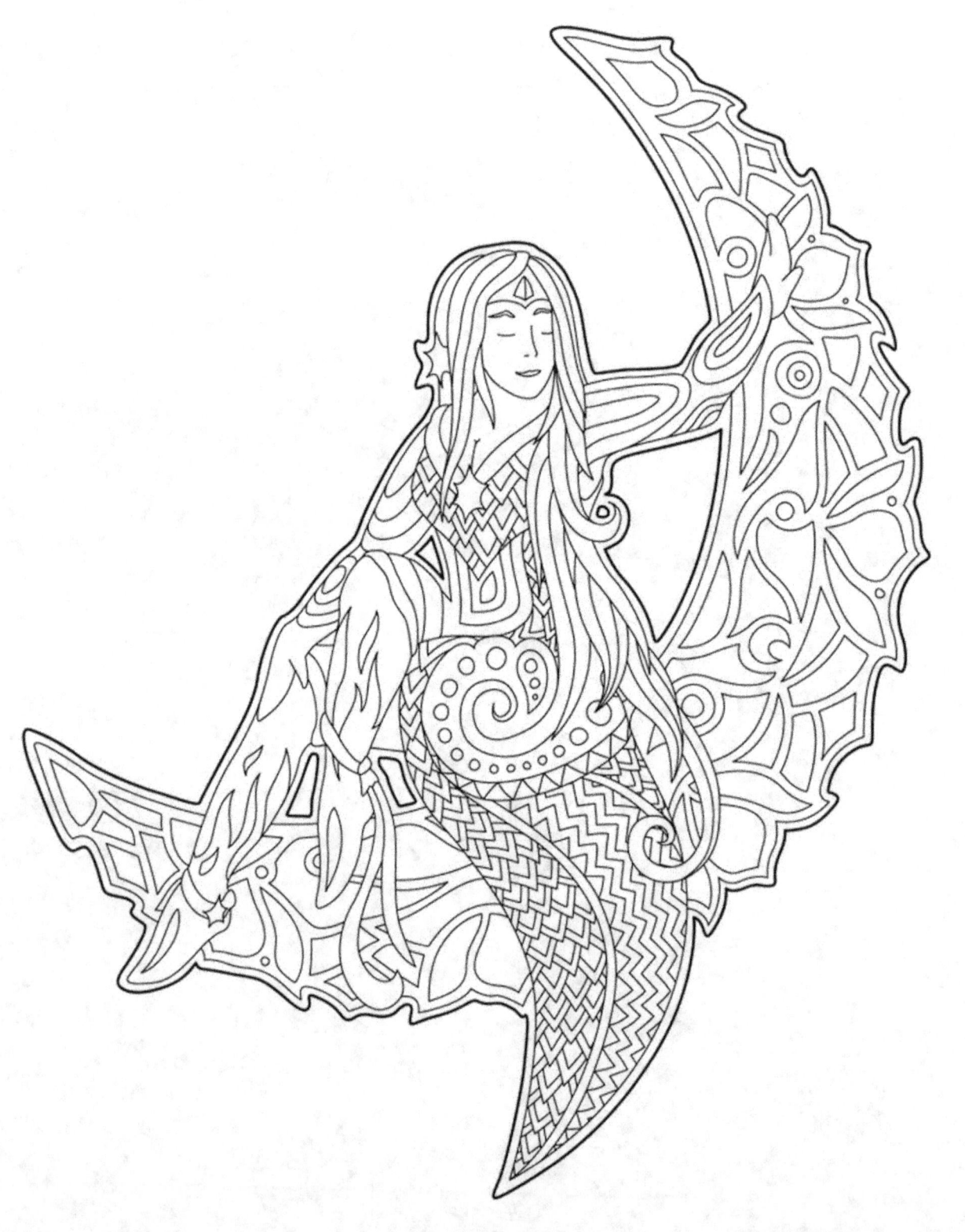

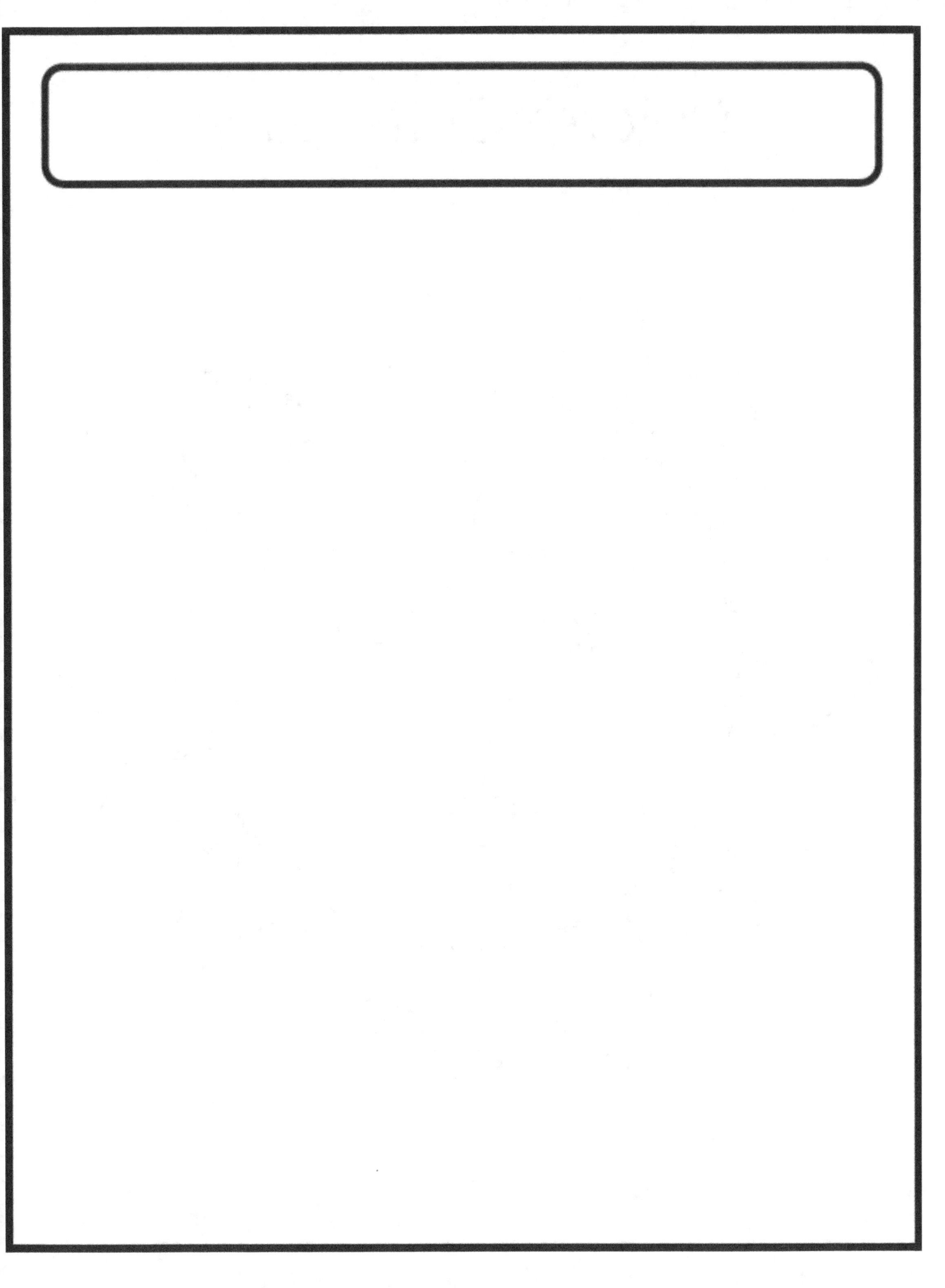

Colorez Cette Lune

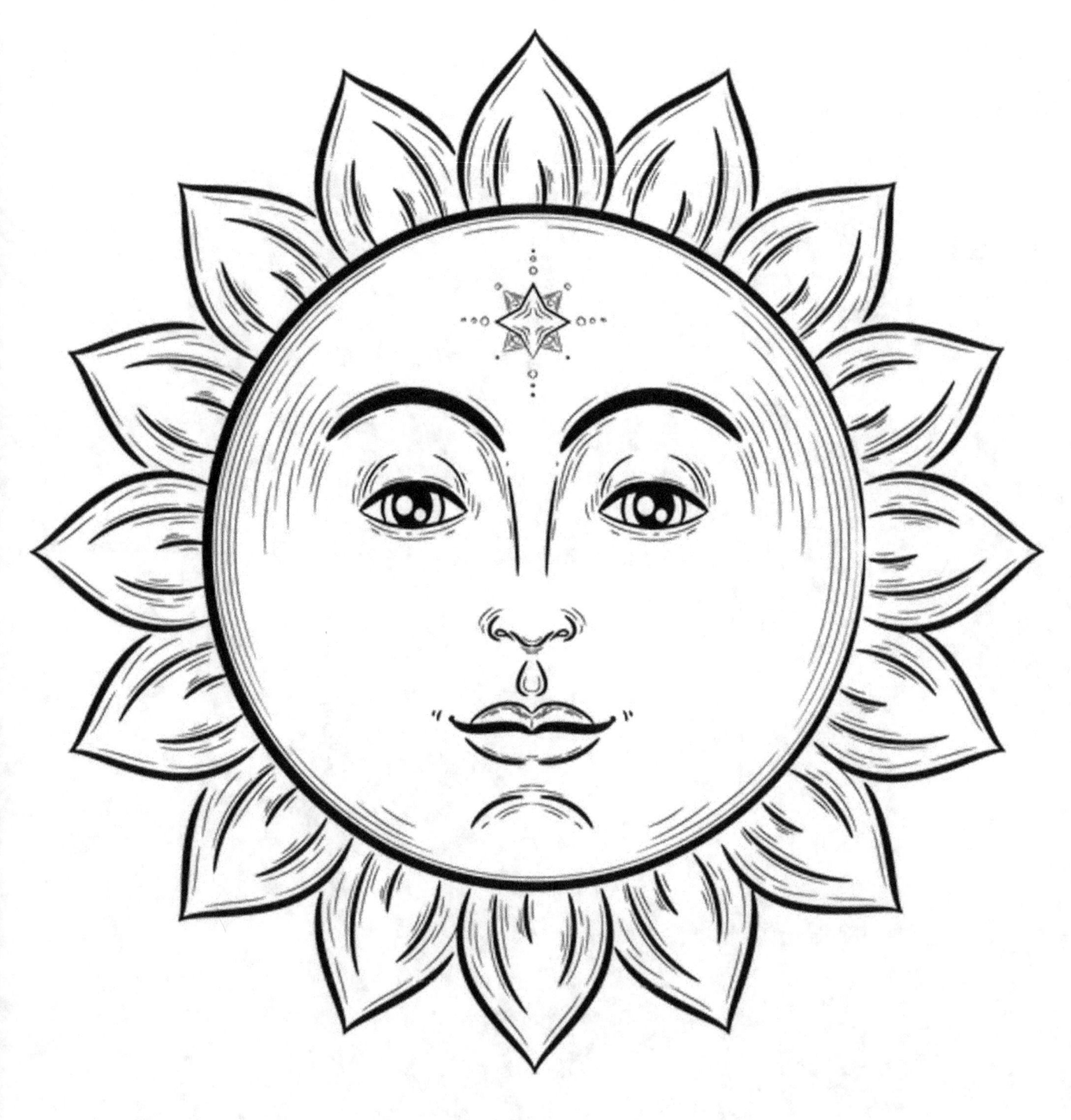

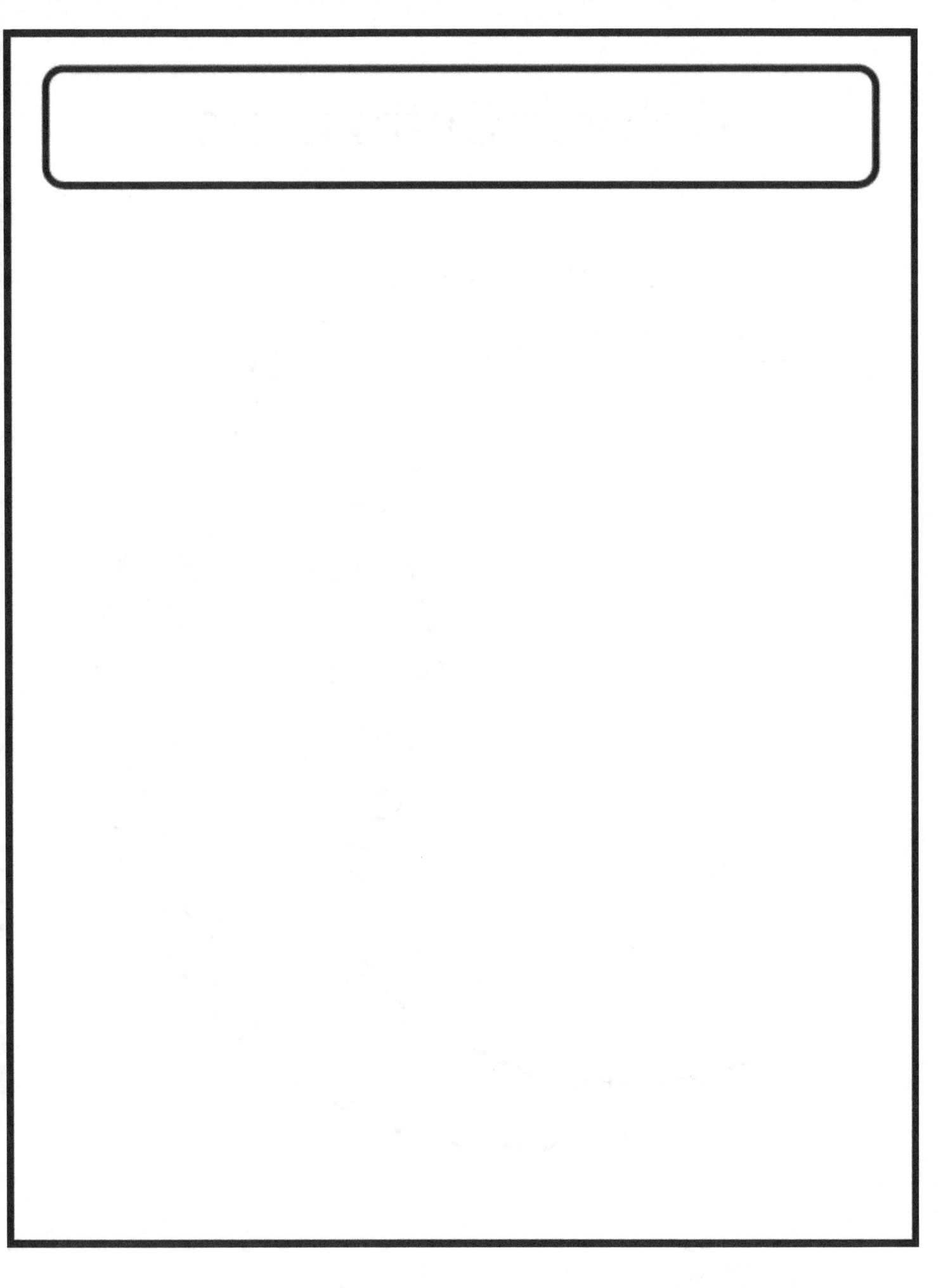

Colorez Cette Lune

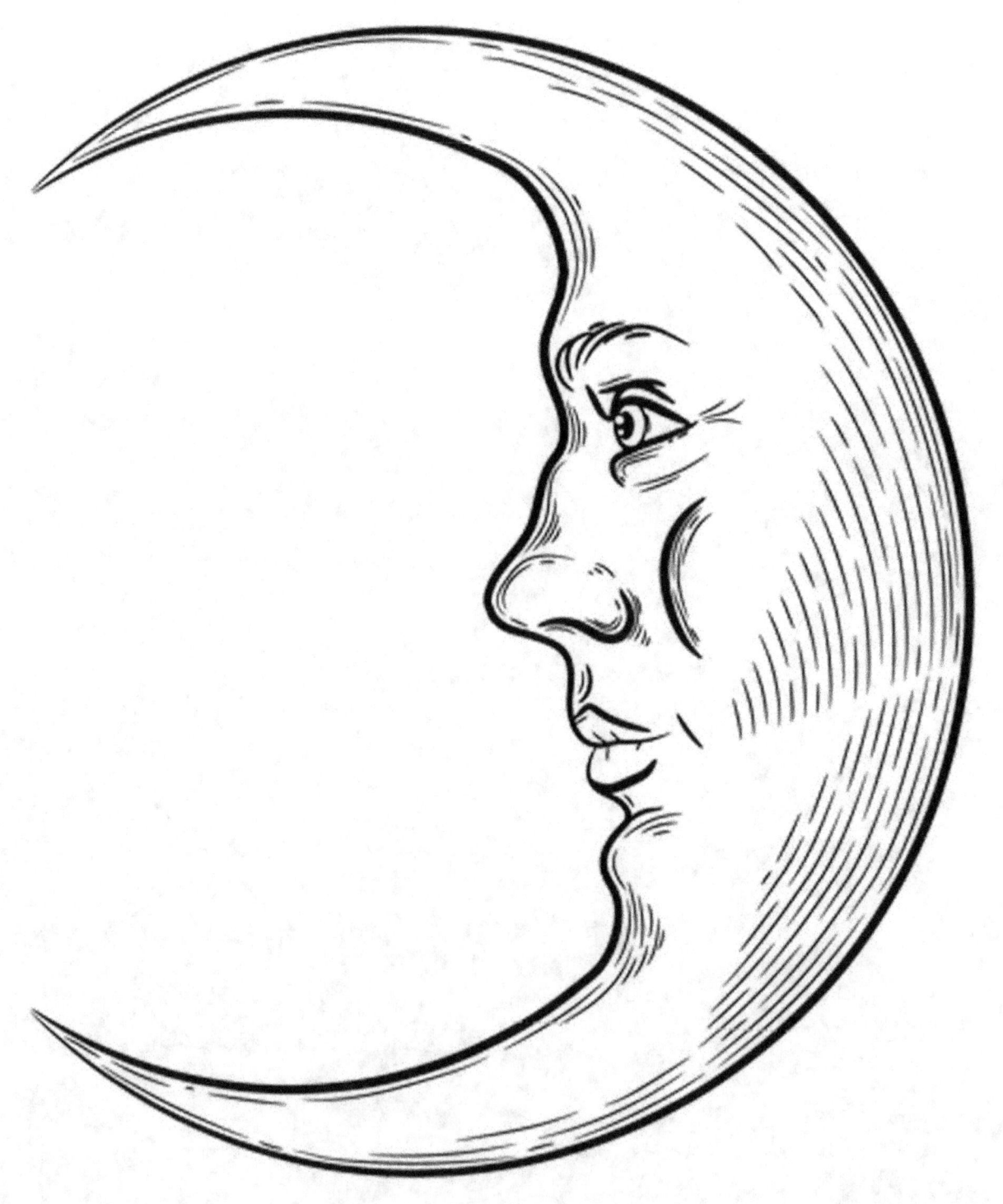

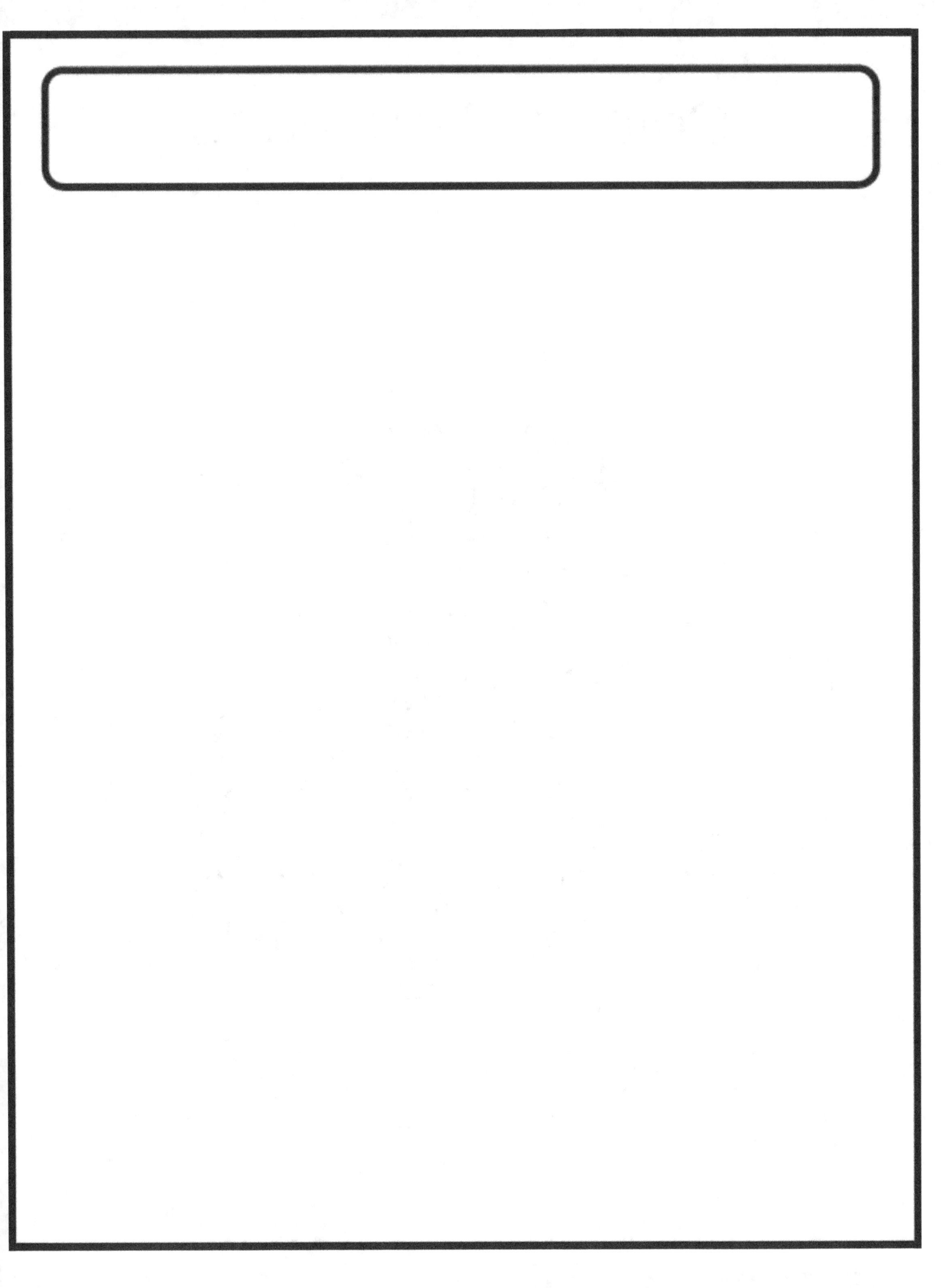

Colorez Cette Lune

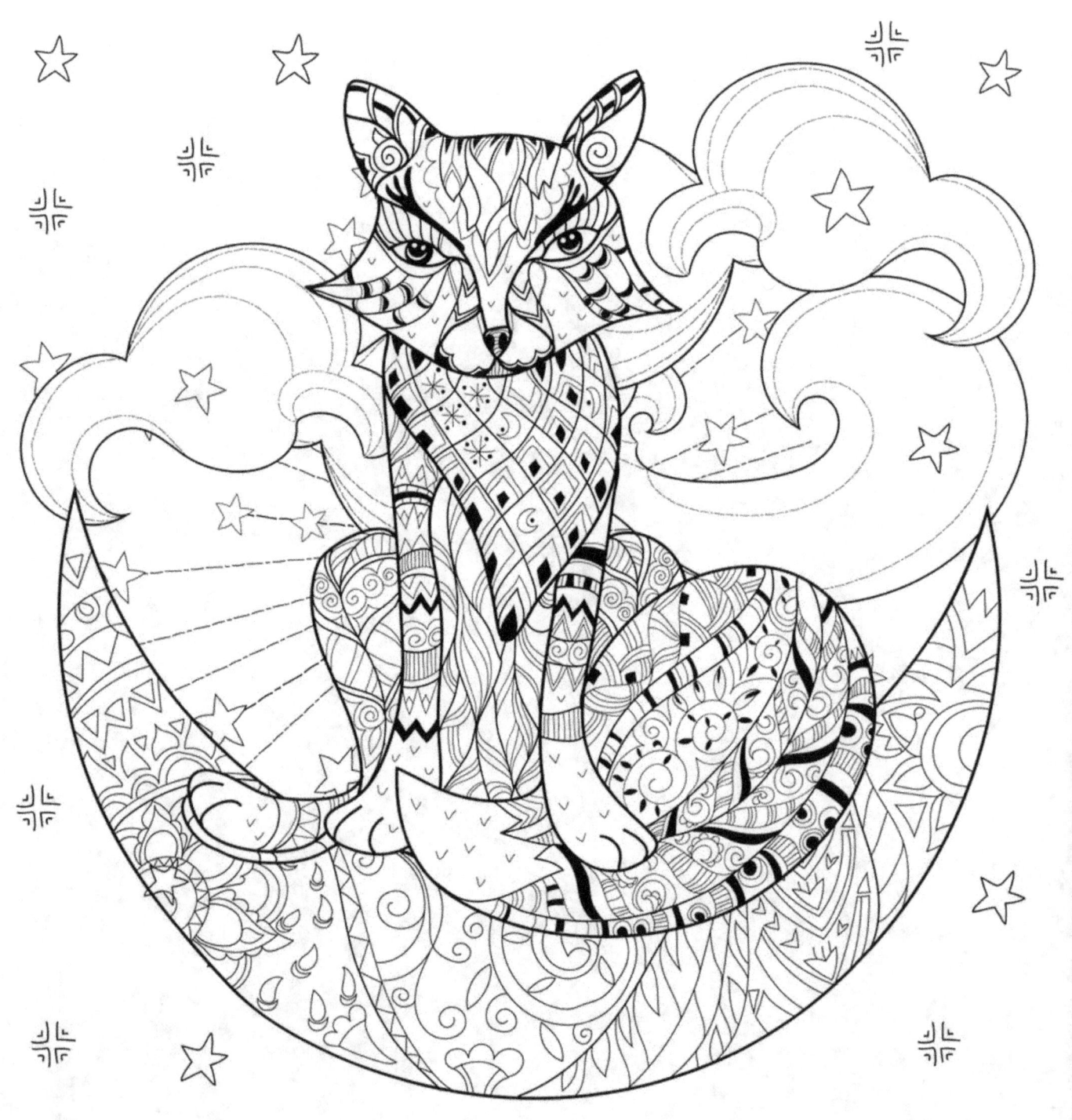

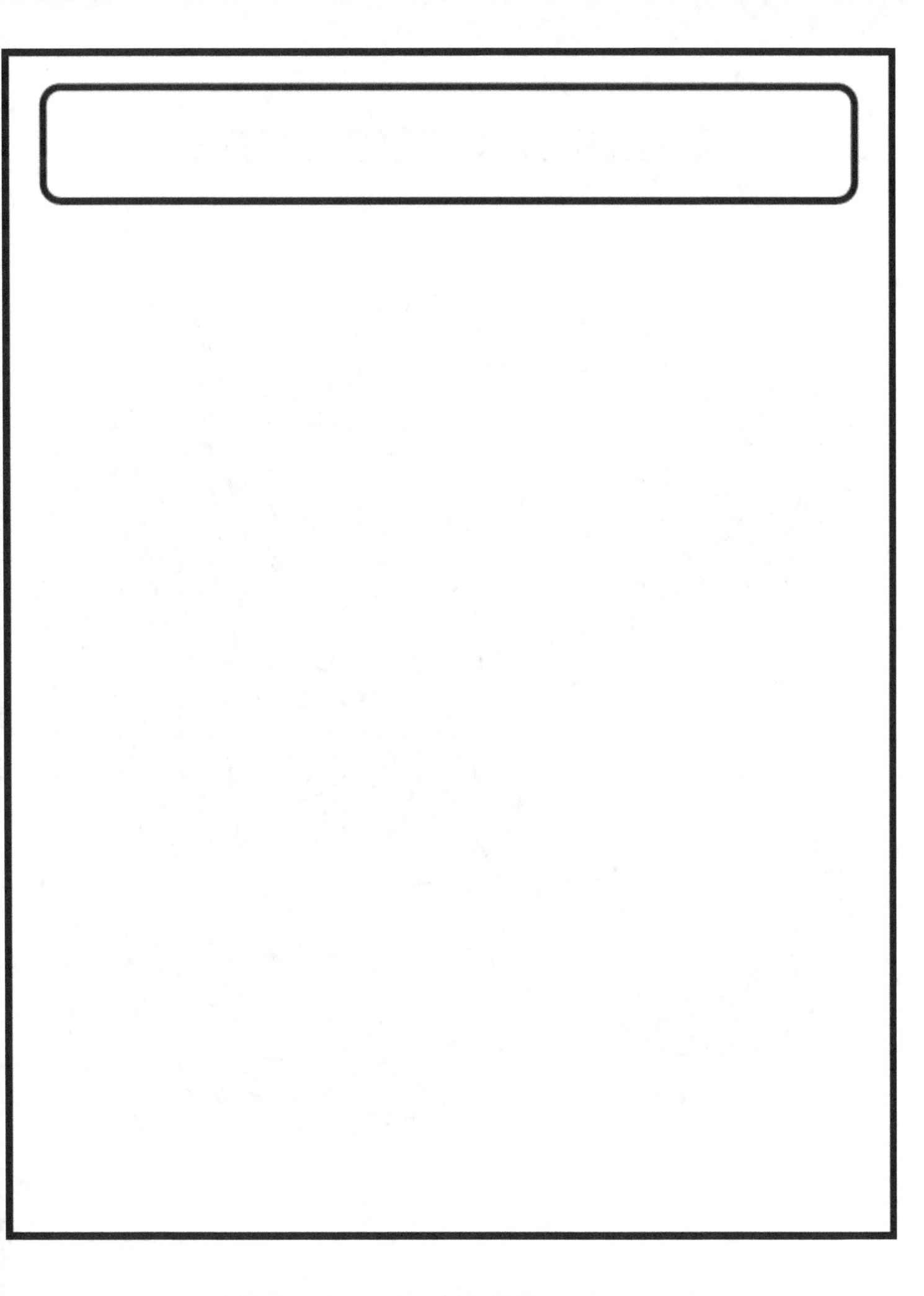

Colorez Cette Lune

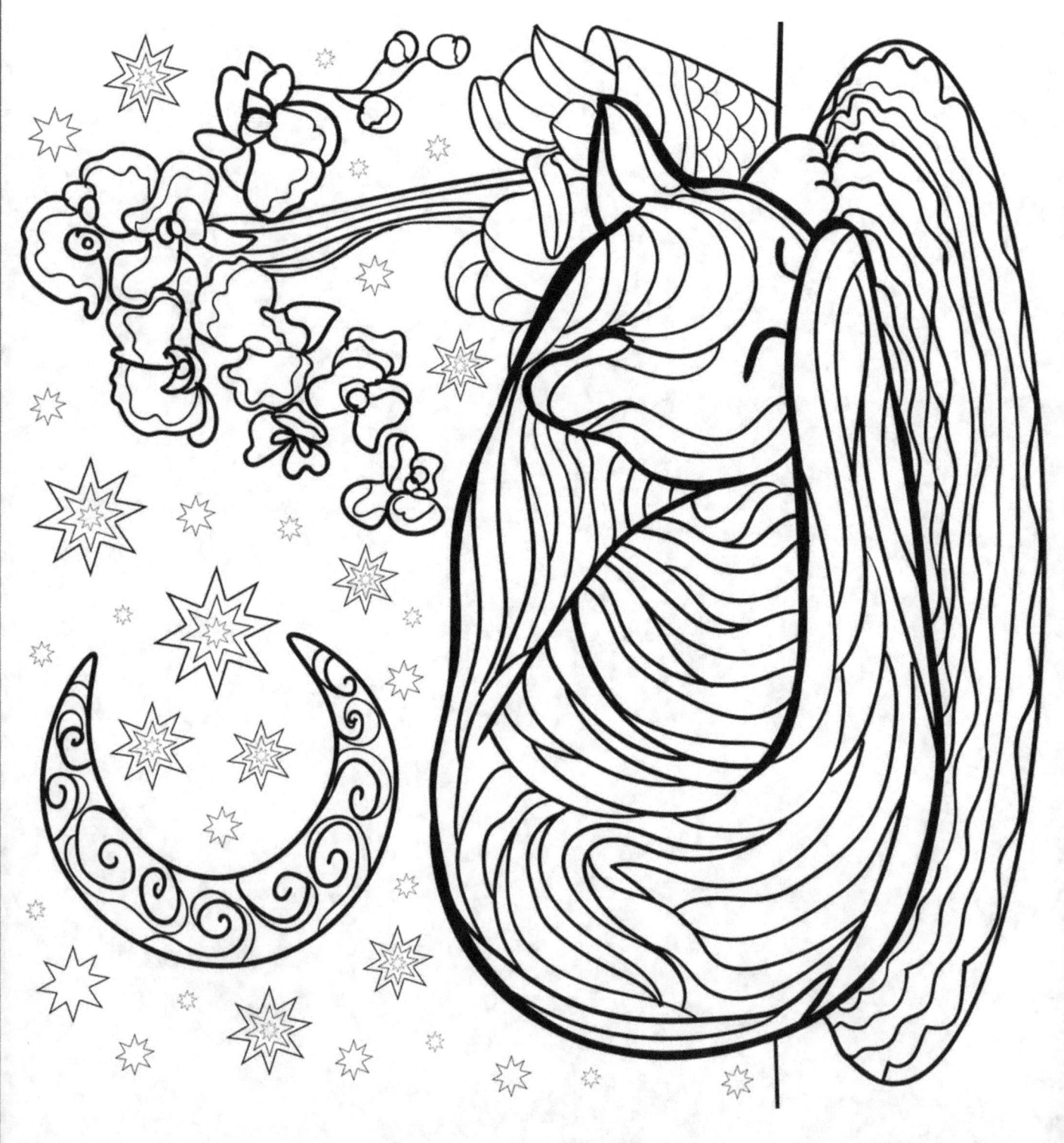

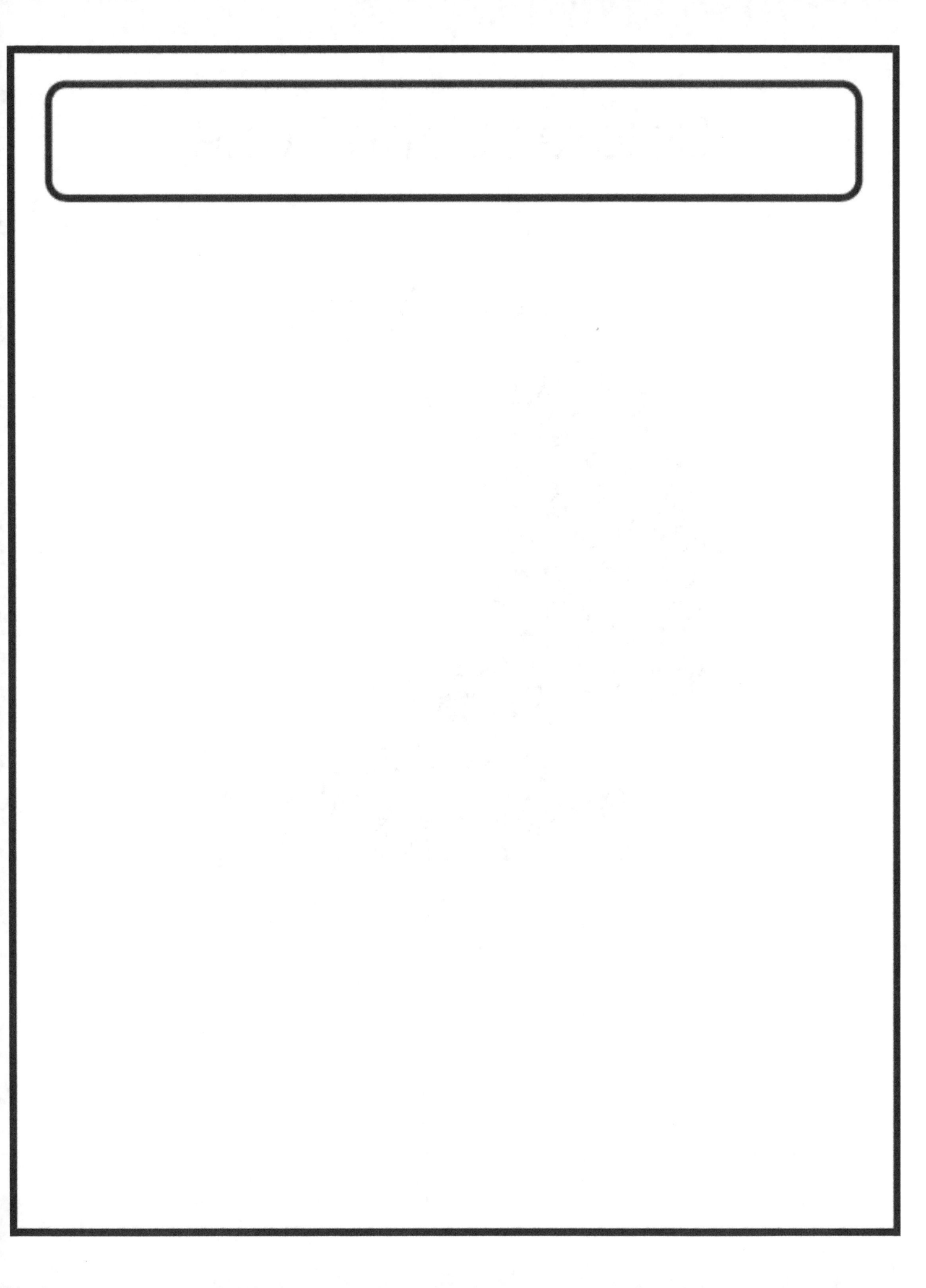

Colorez Cette Lune

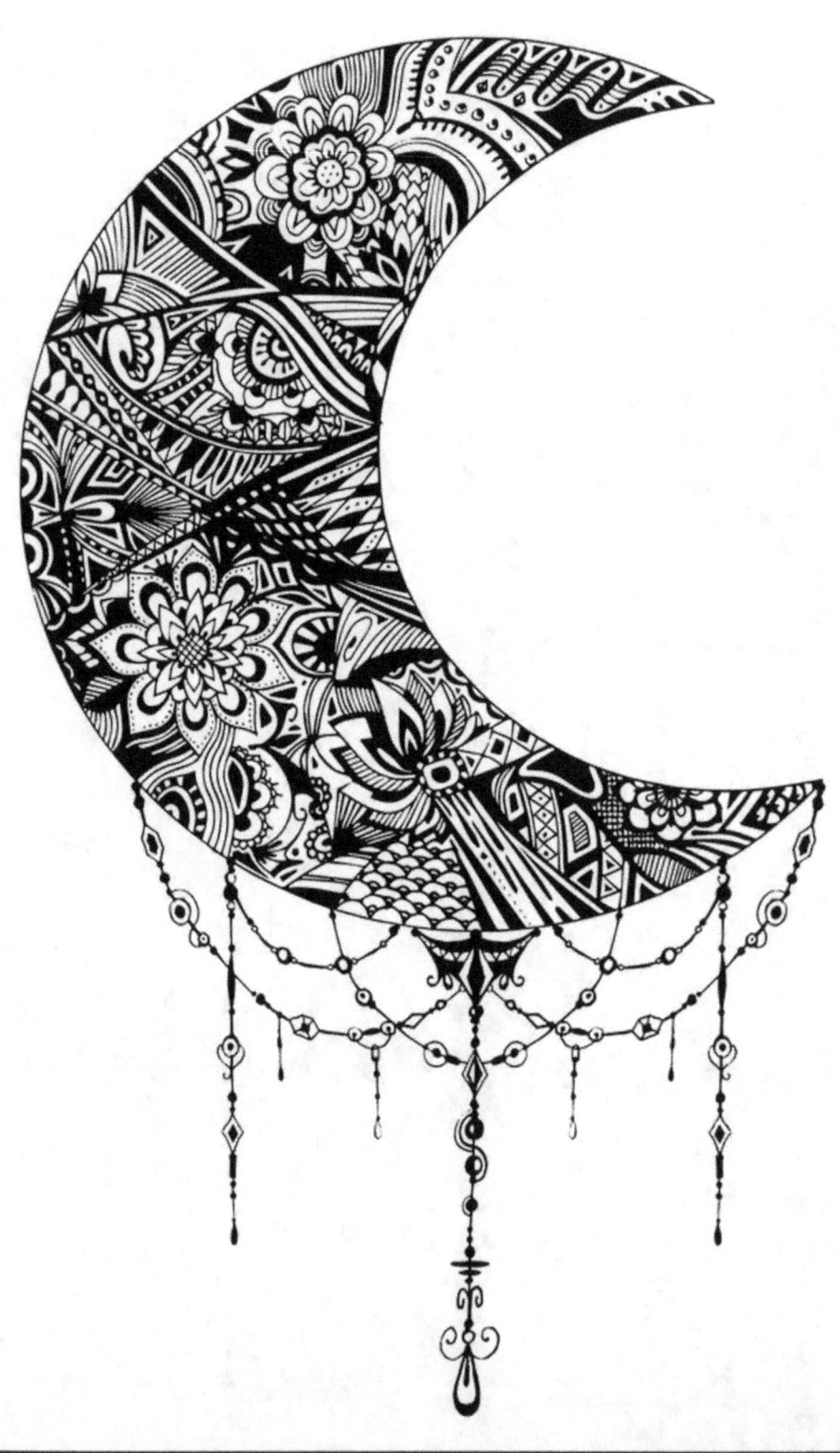

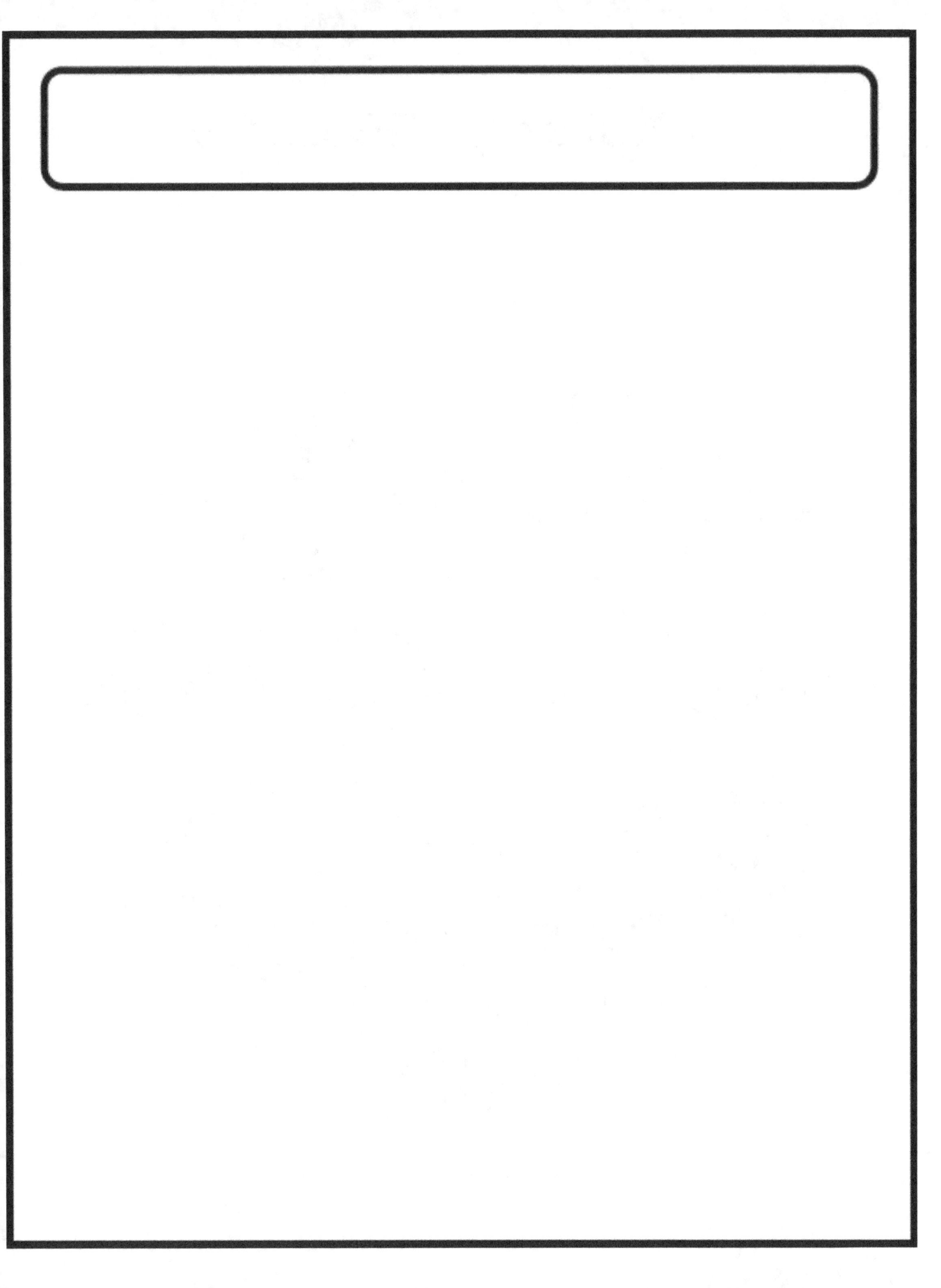

Colorez Cette Lune

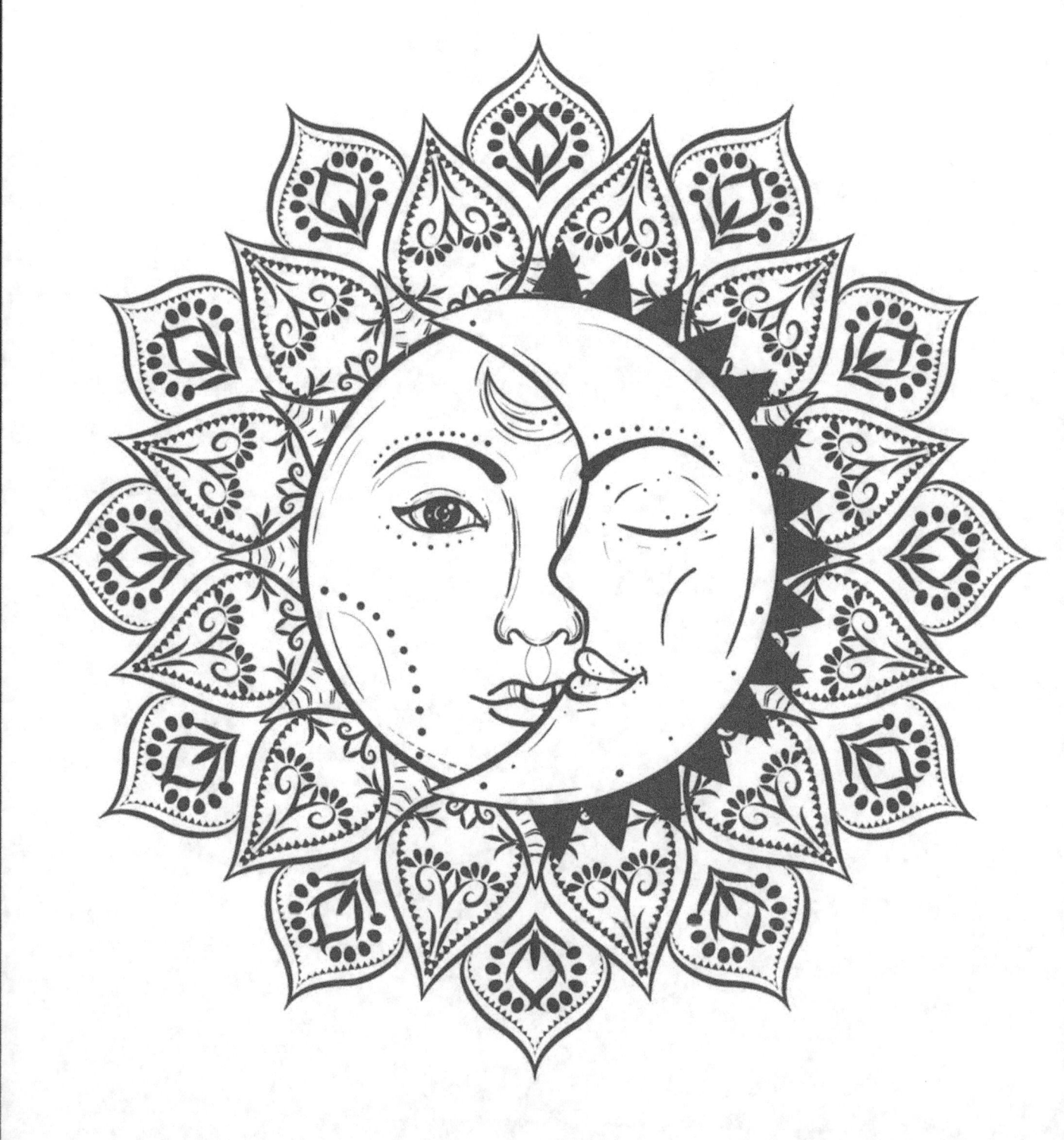

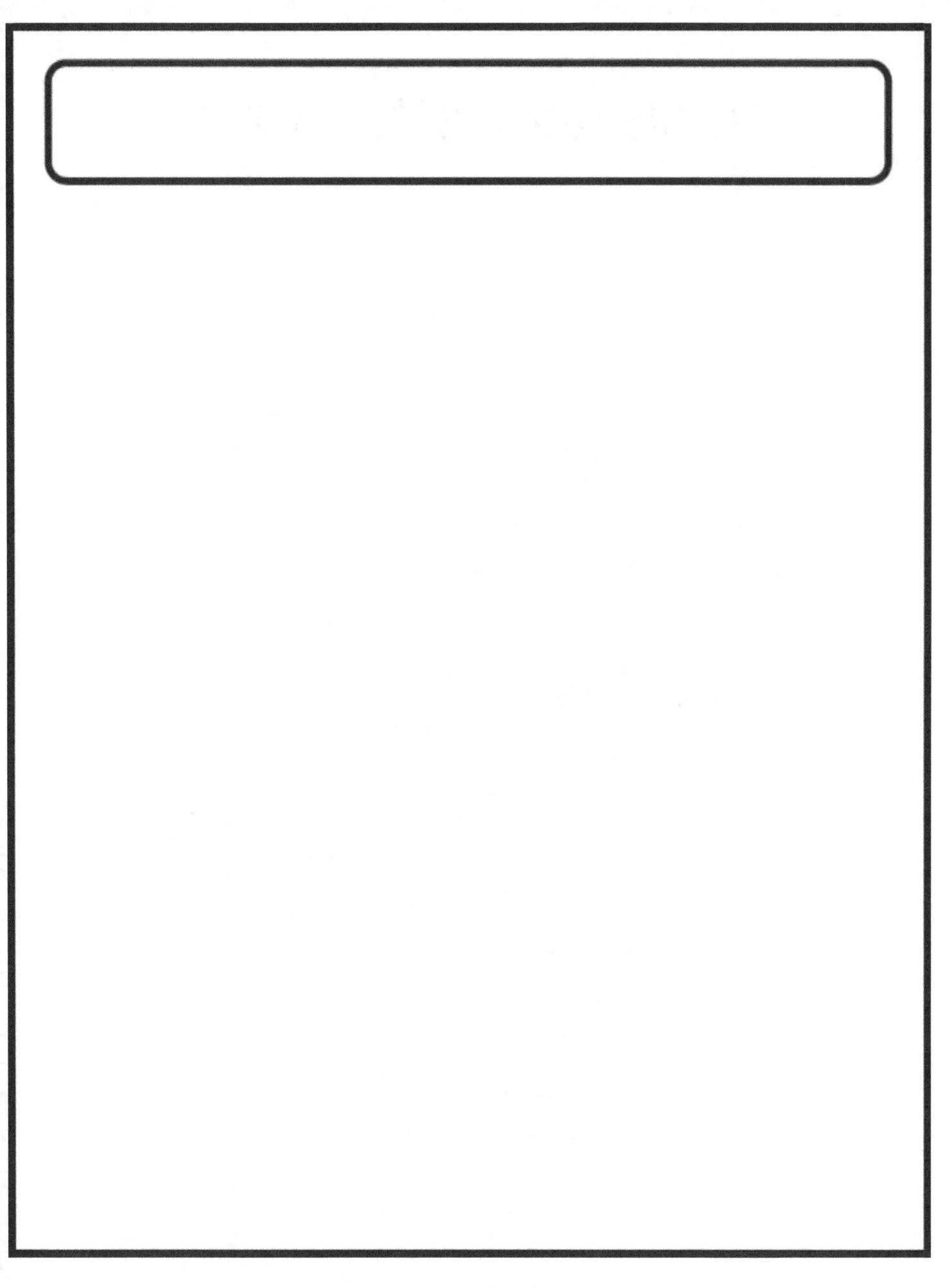

Colorez Cette Lune

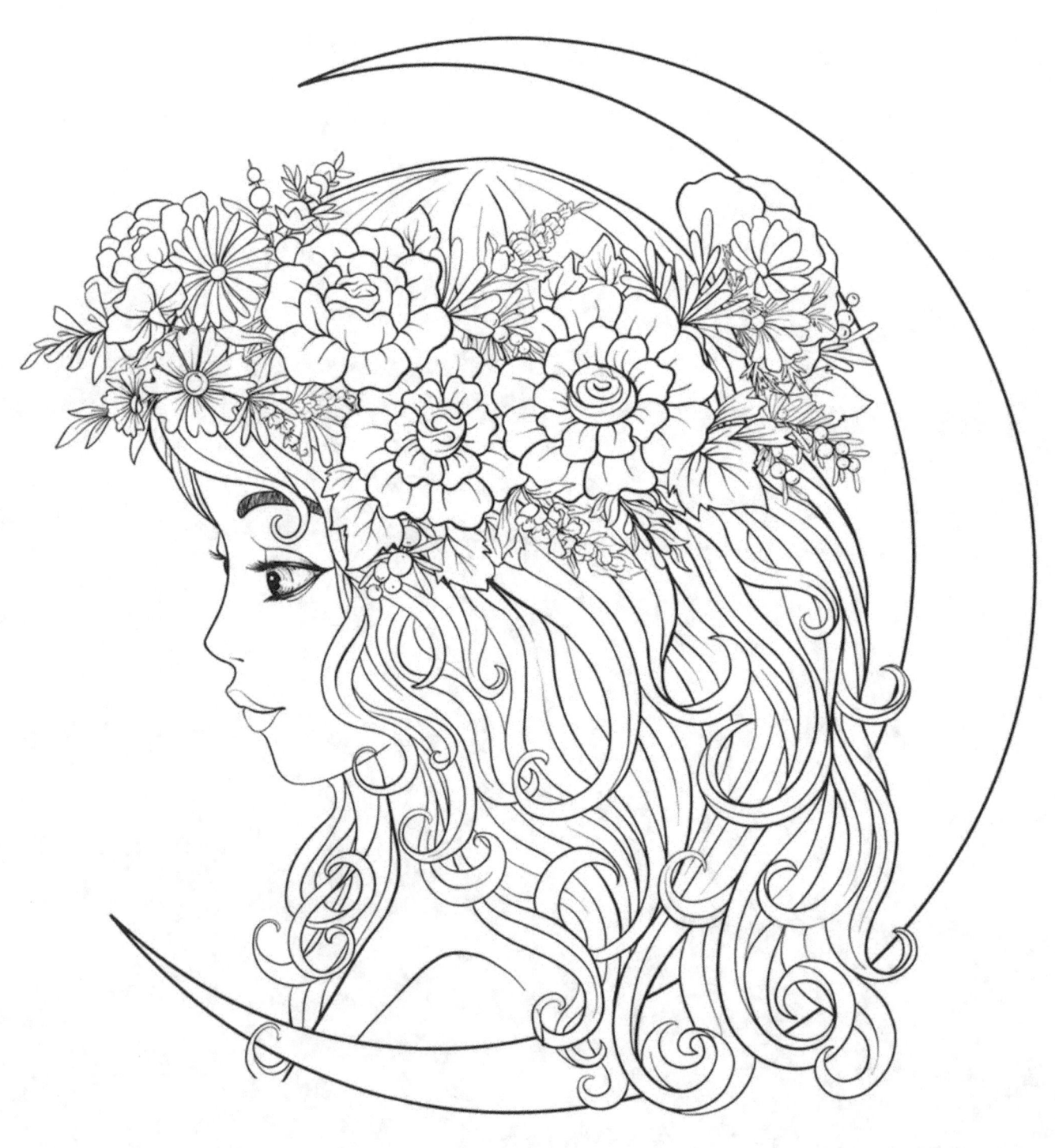

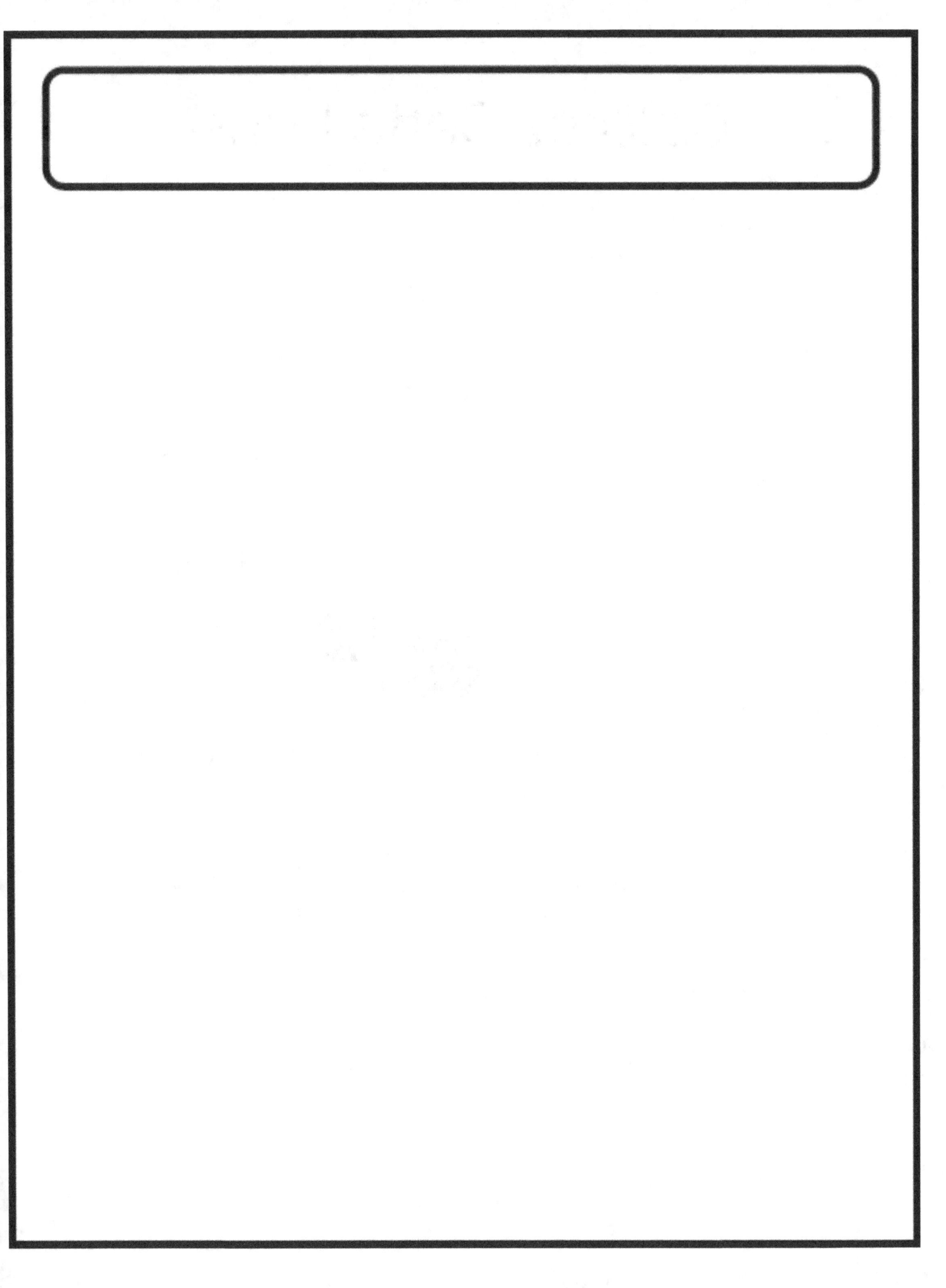

Colorez Cette Lune

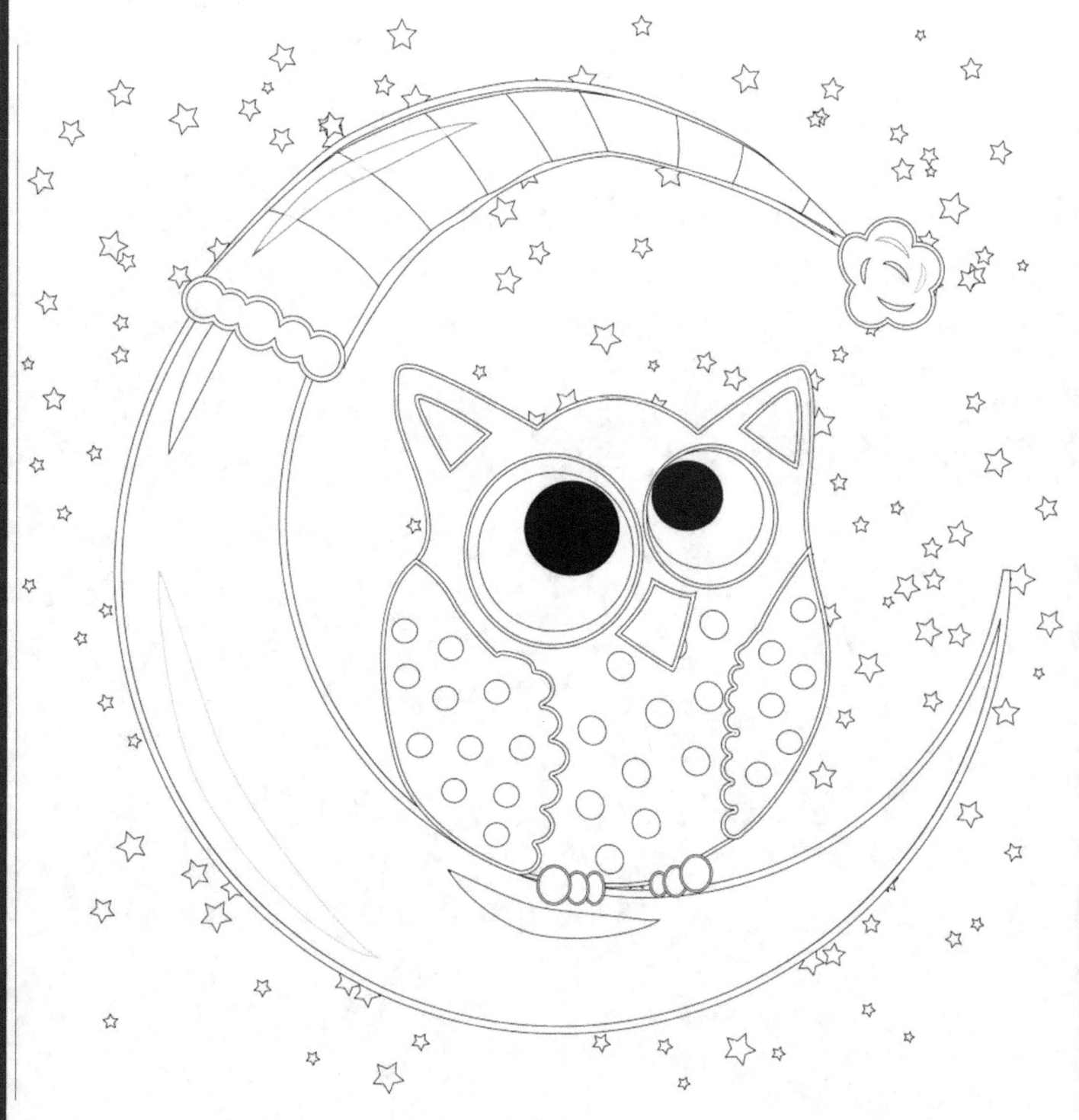

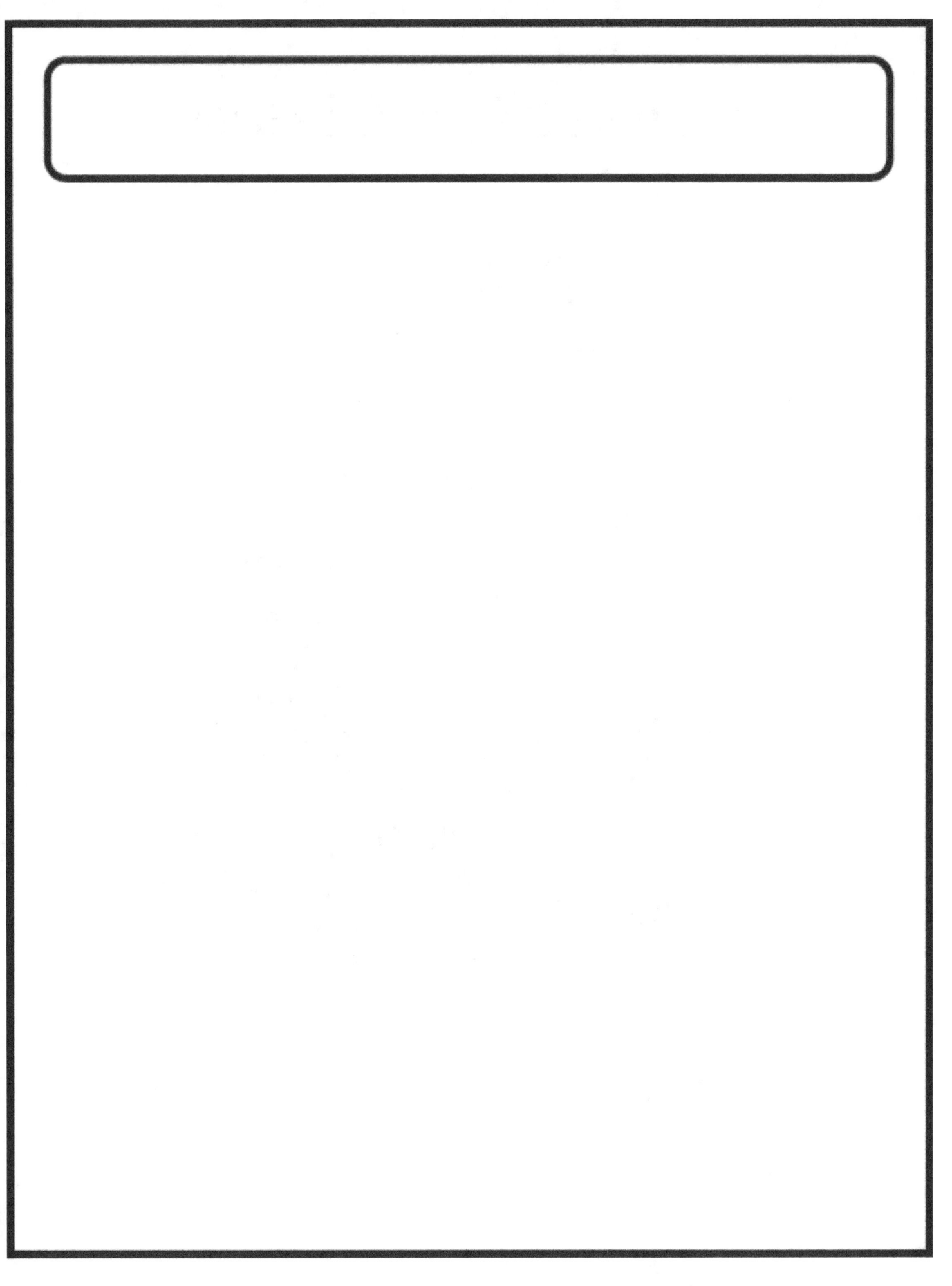

Colorez Cette Lune

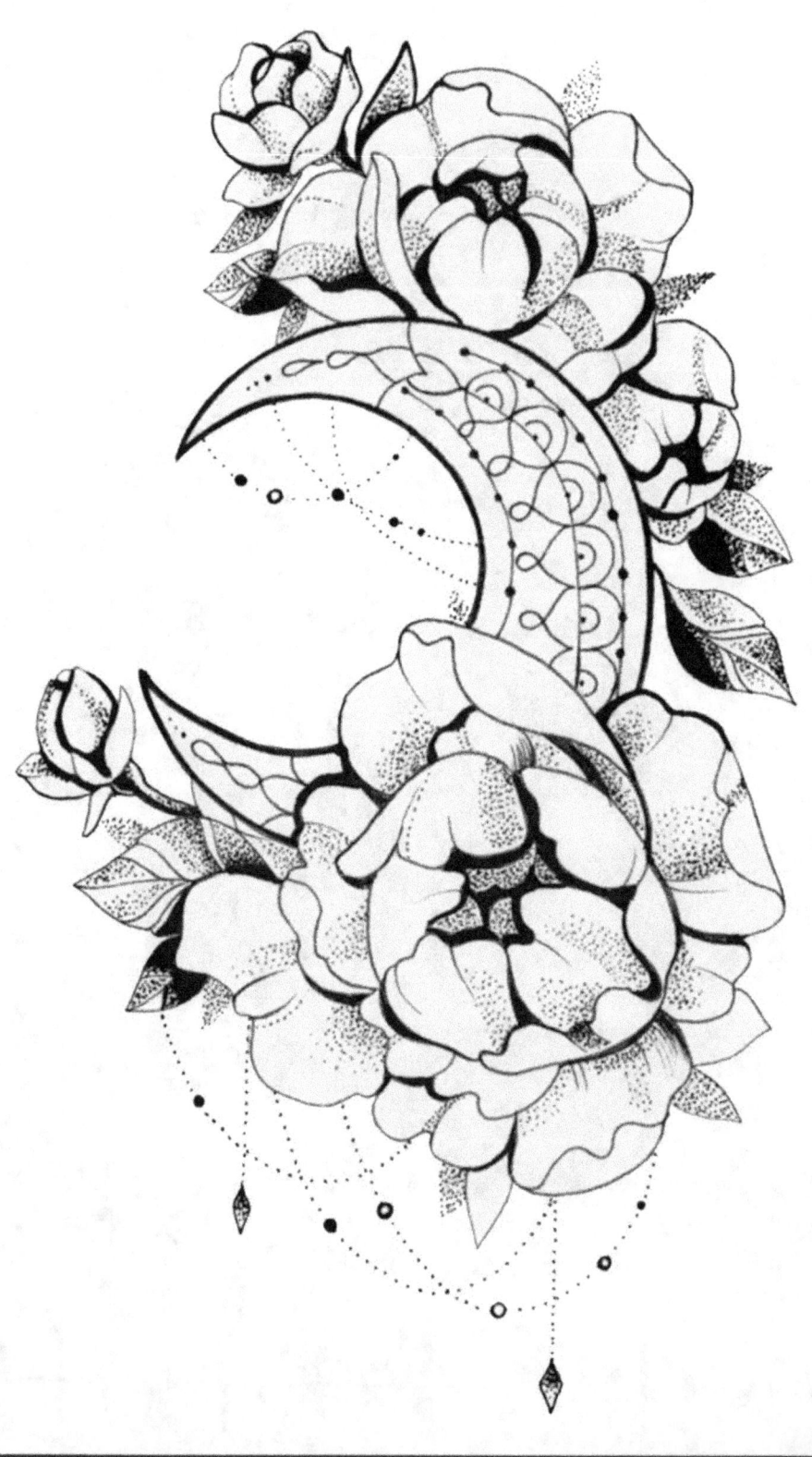

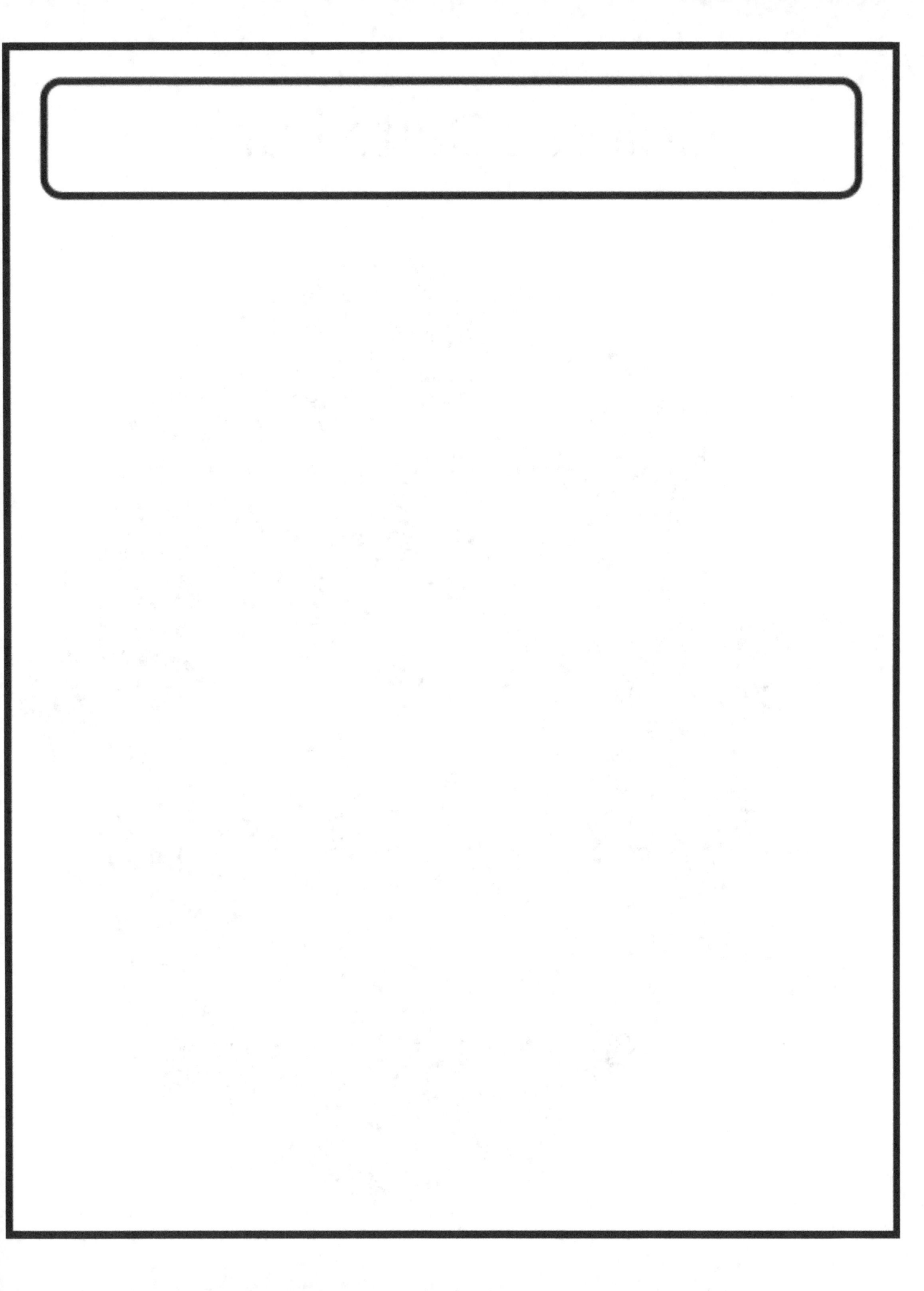

Colorez Cette Lune

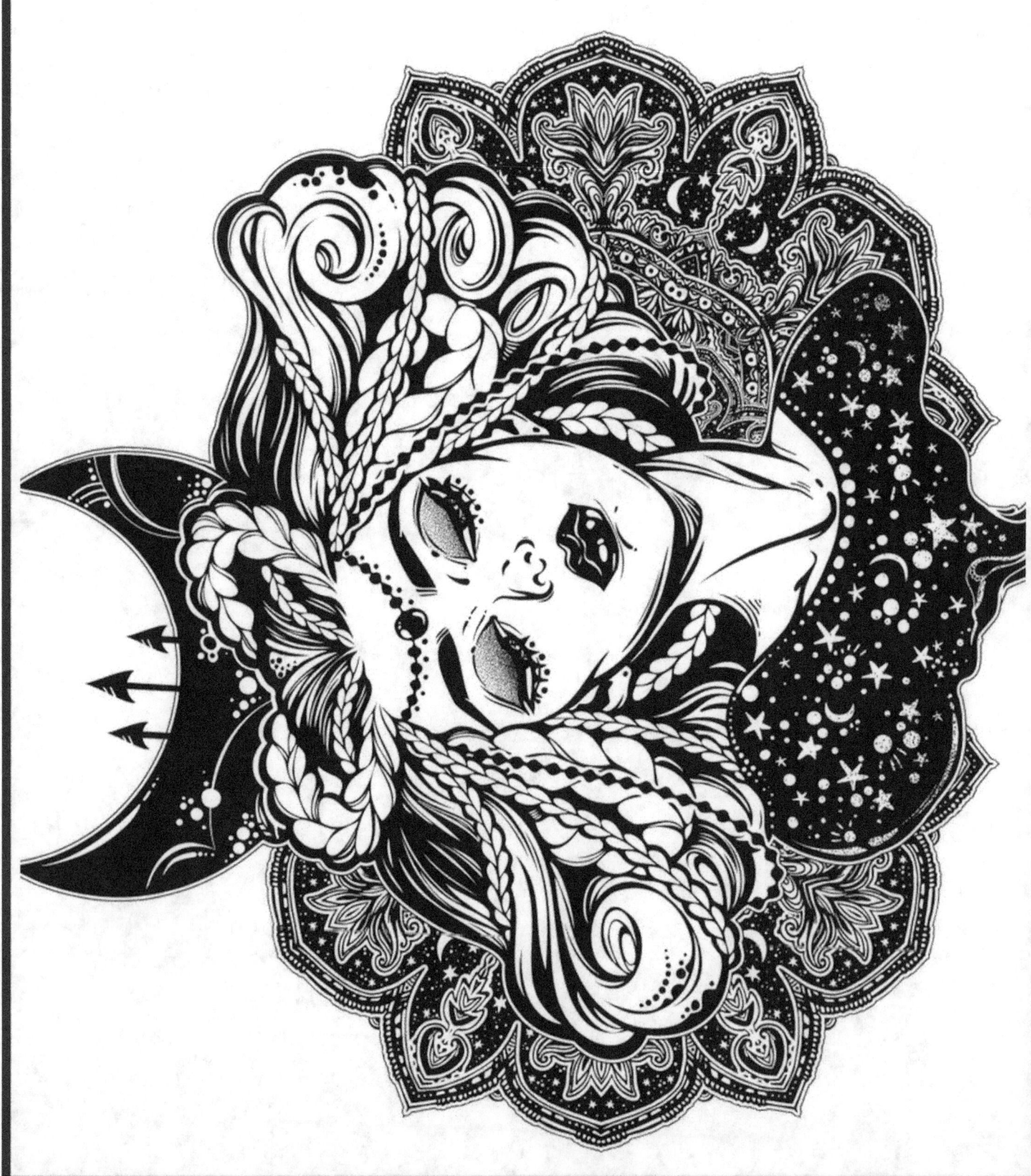

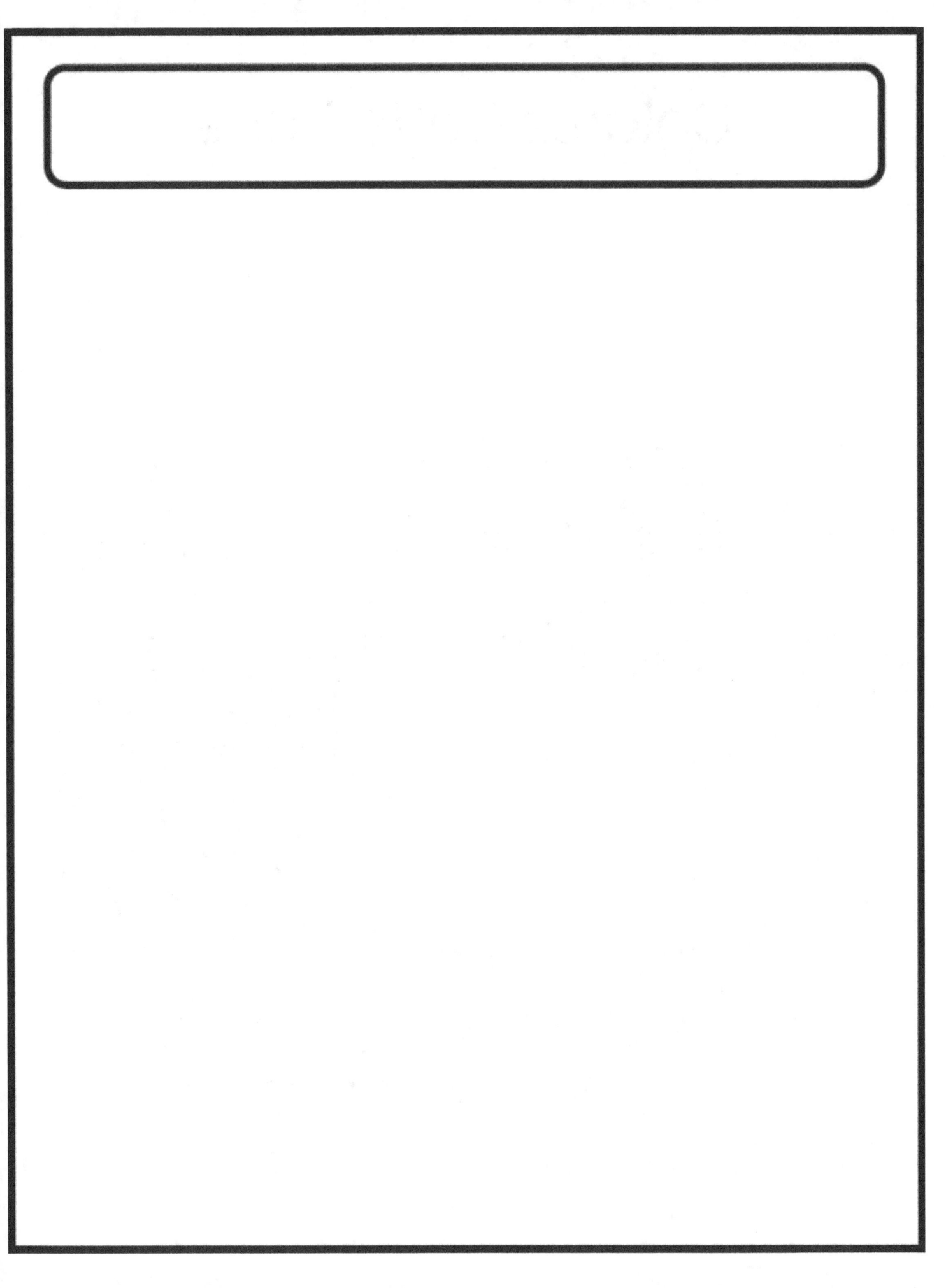

Colorez Cette Lune

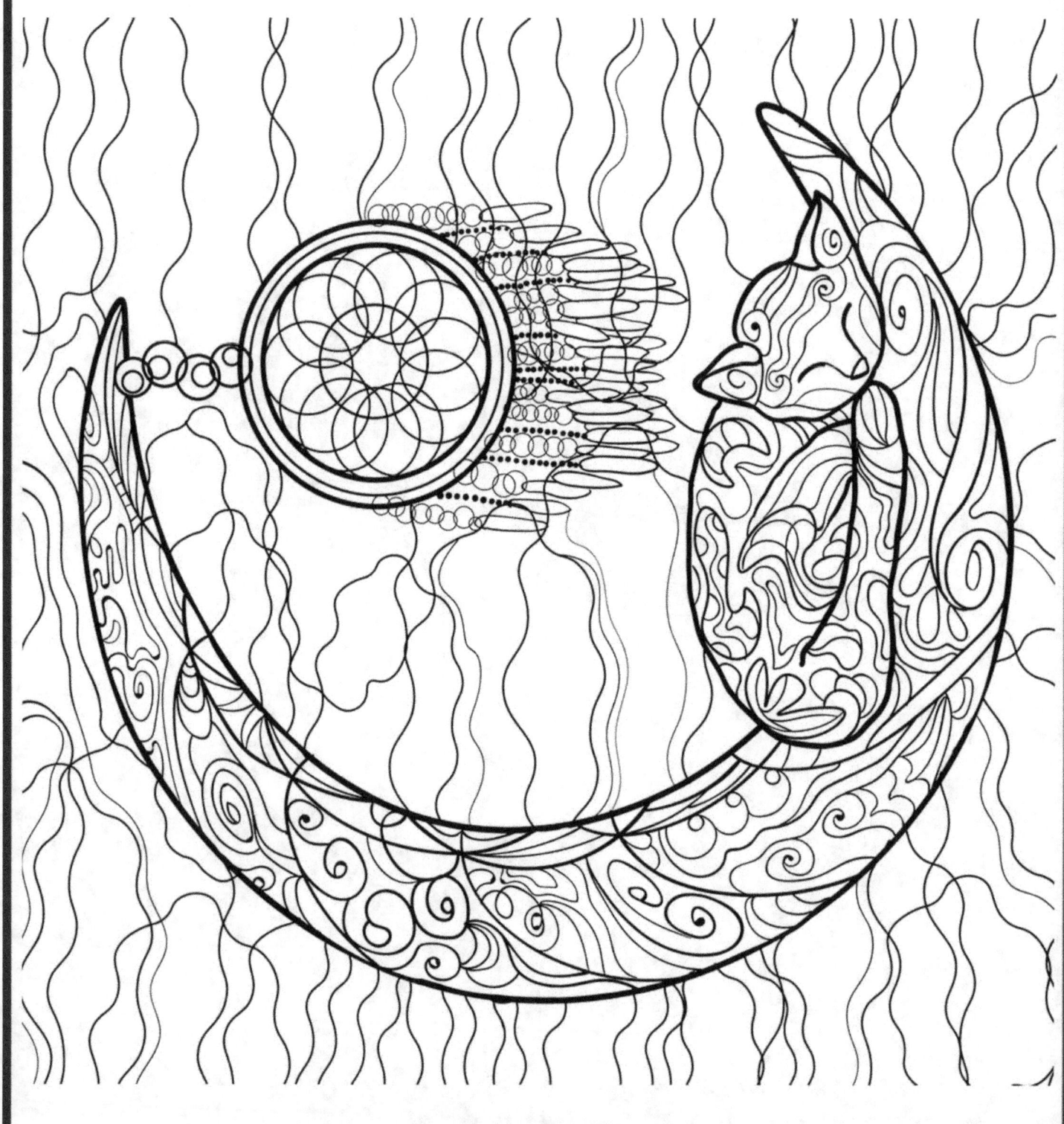

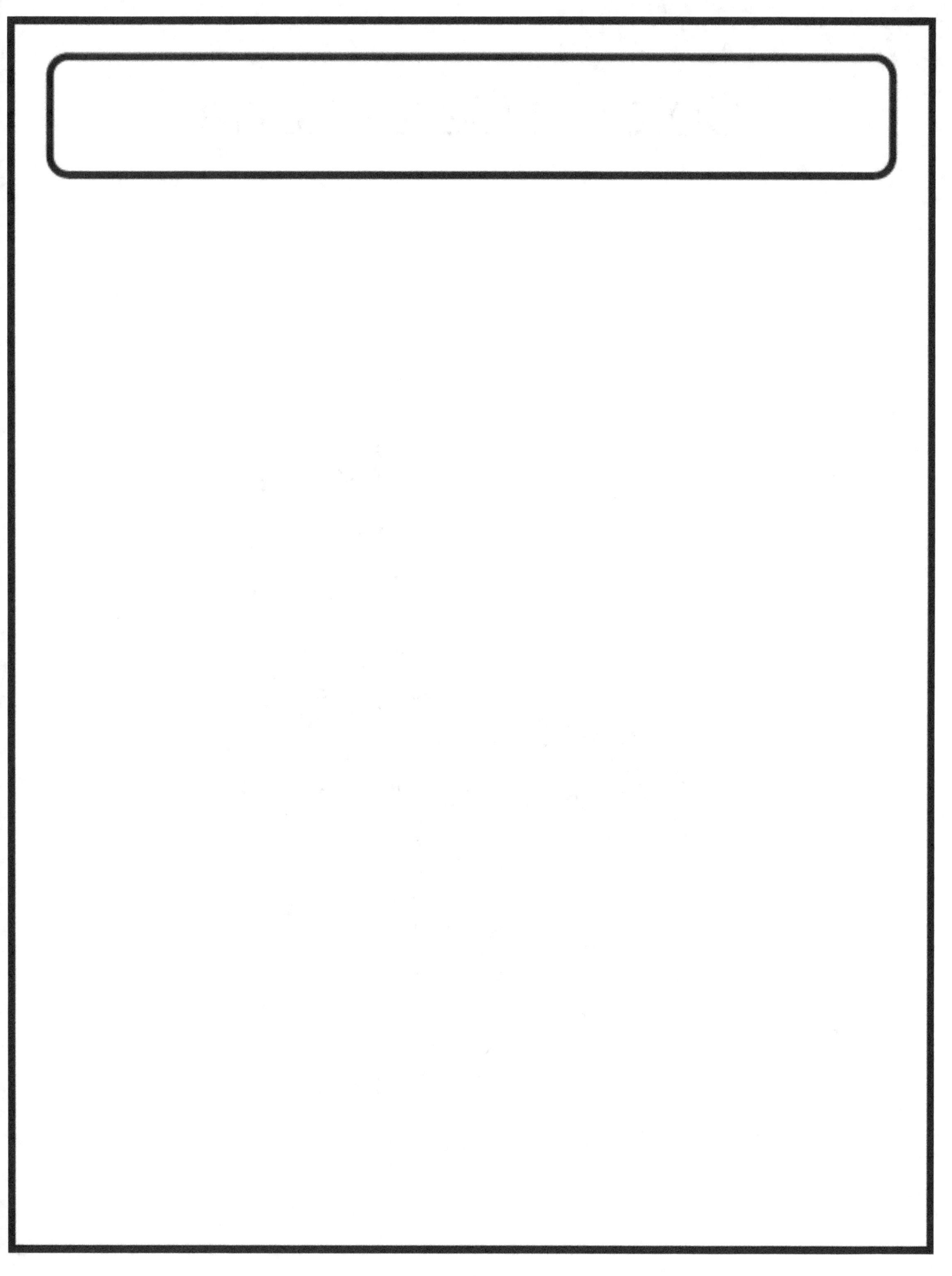

Colorez Cette Lune

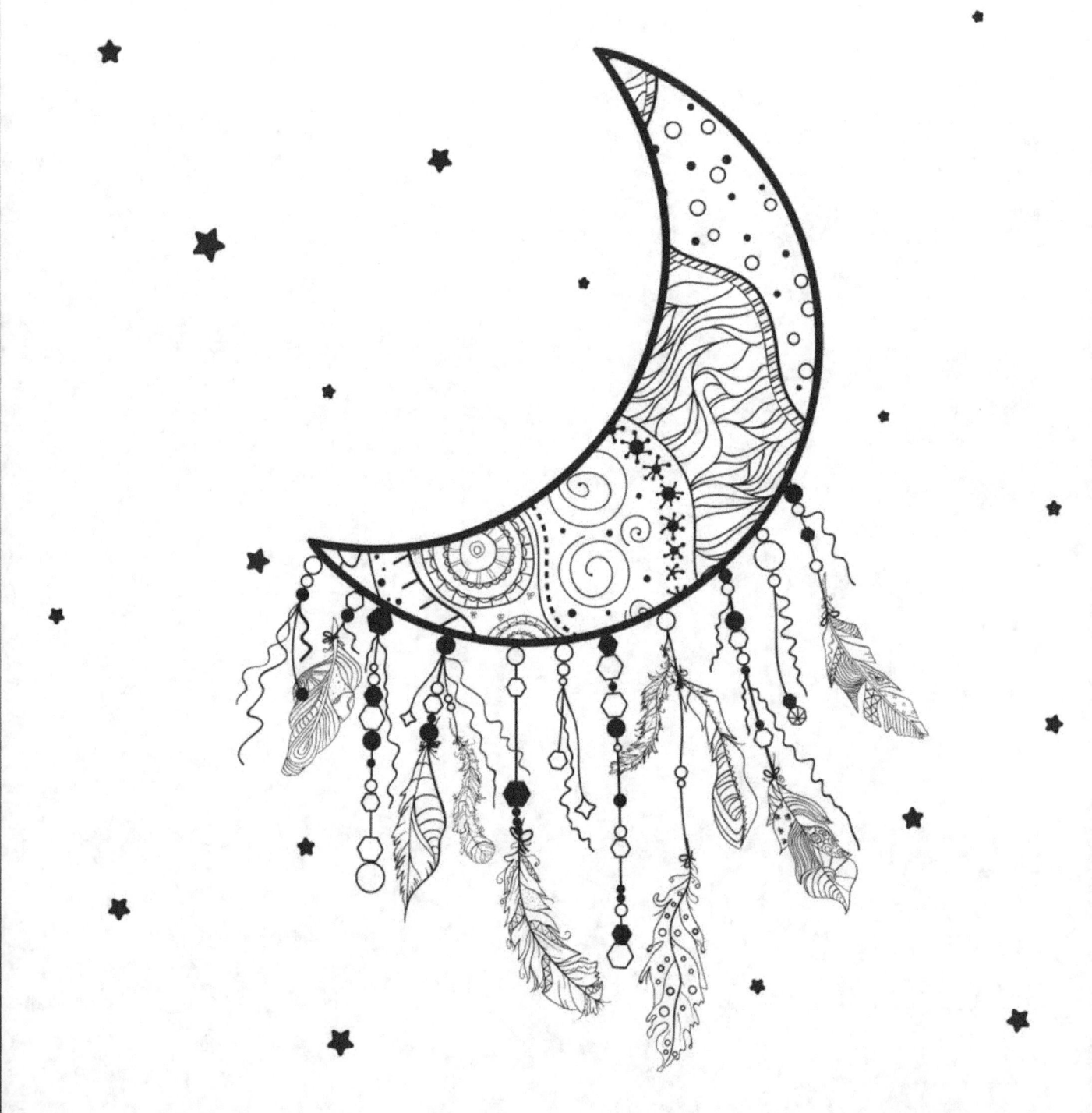

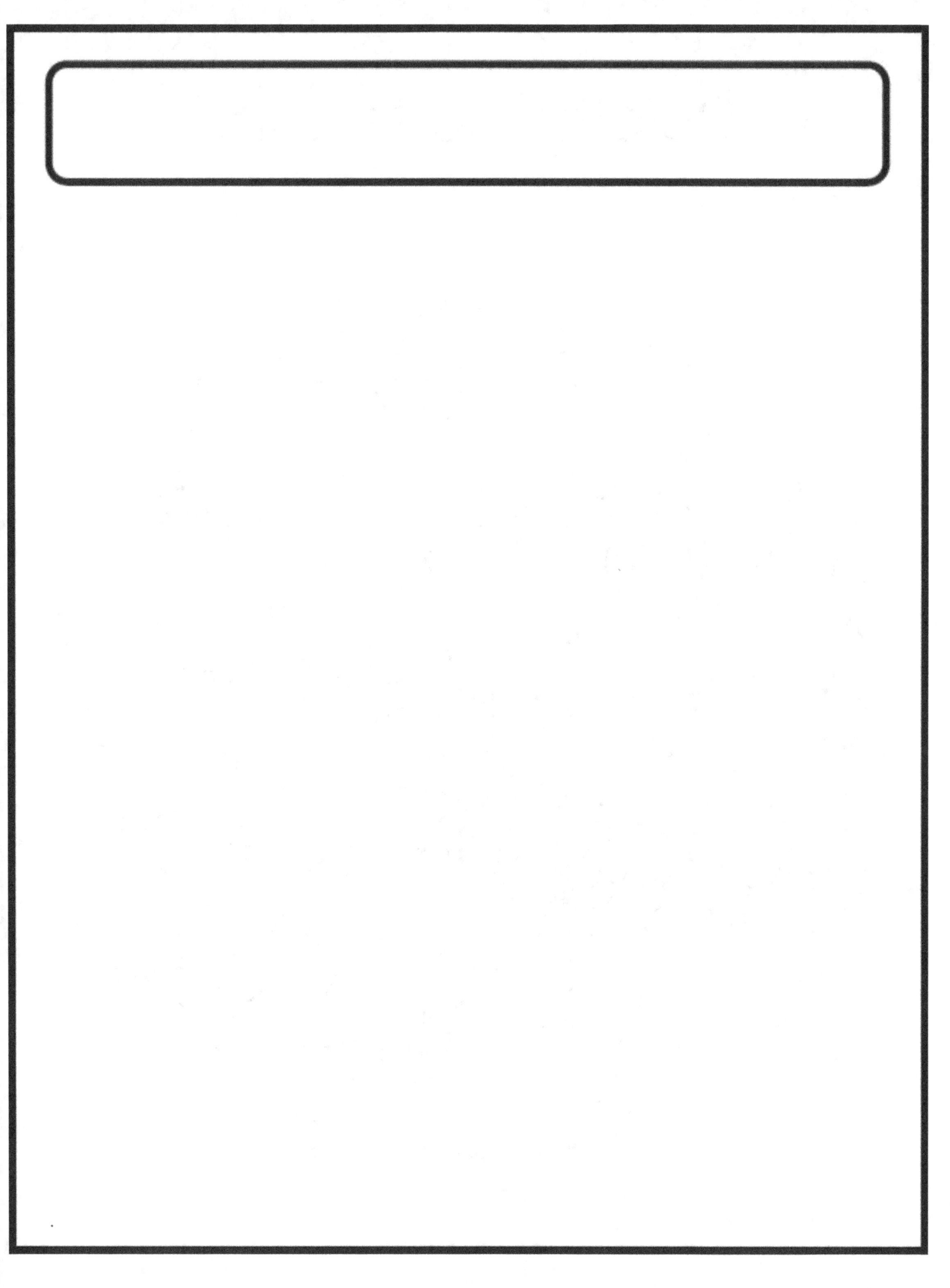

Colorez Cette Lune

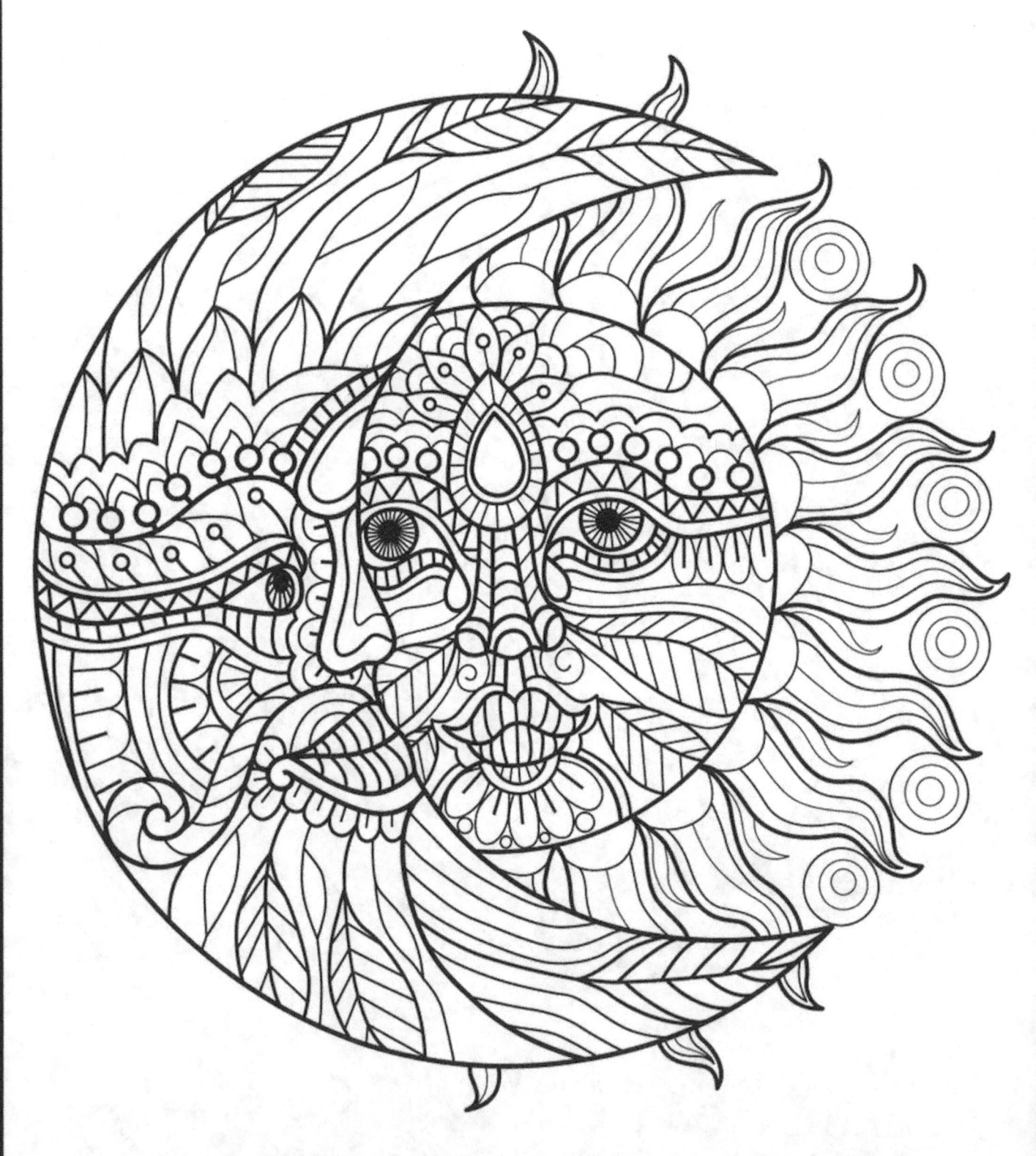

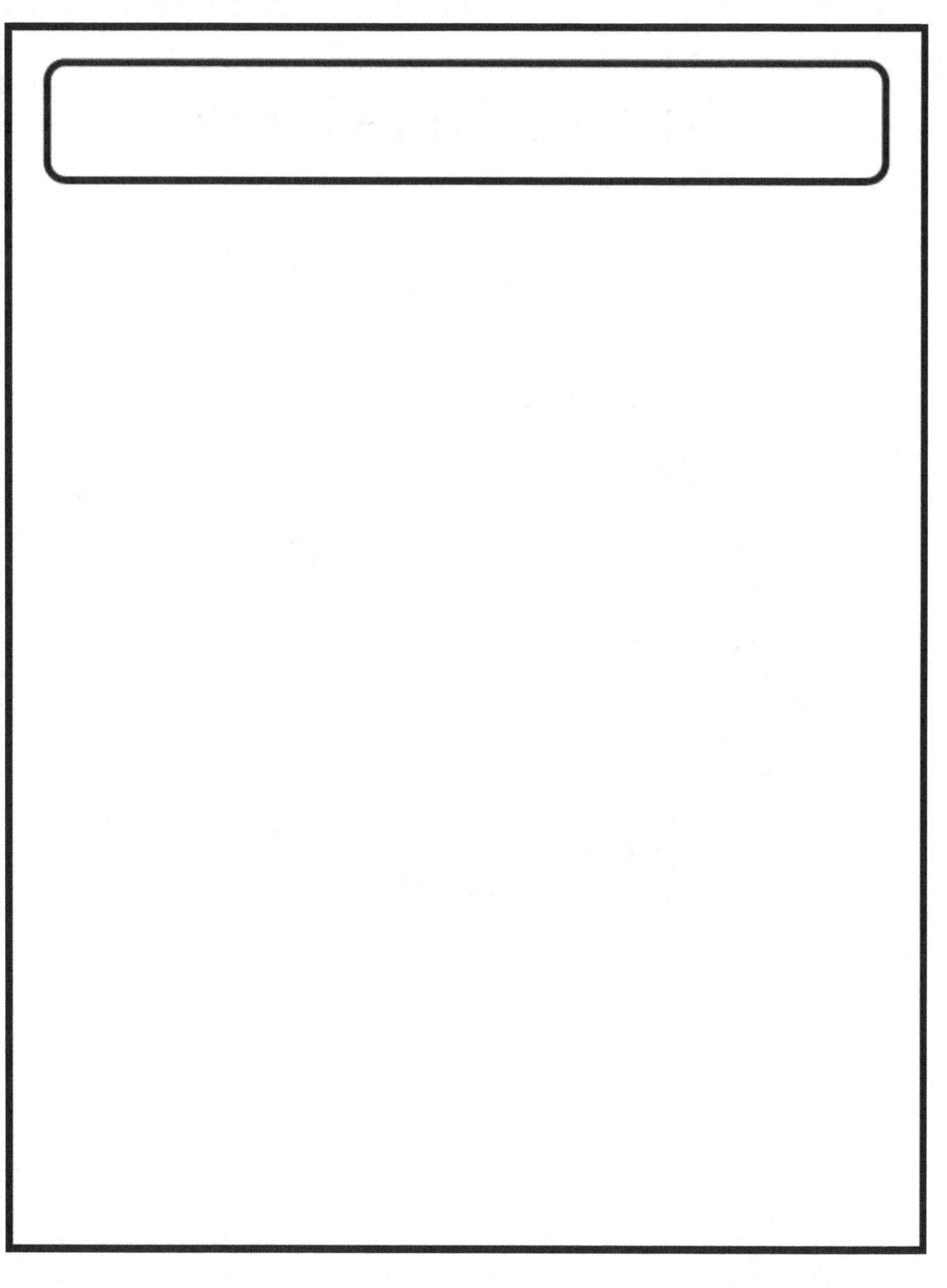

Colorez Cette Lune

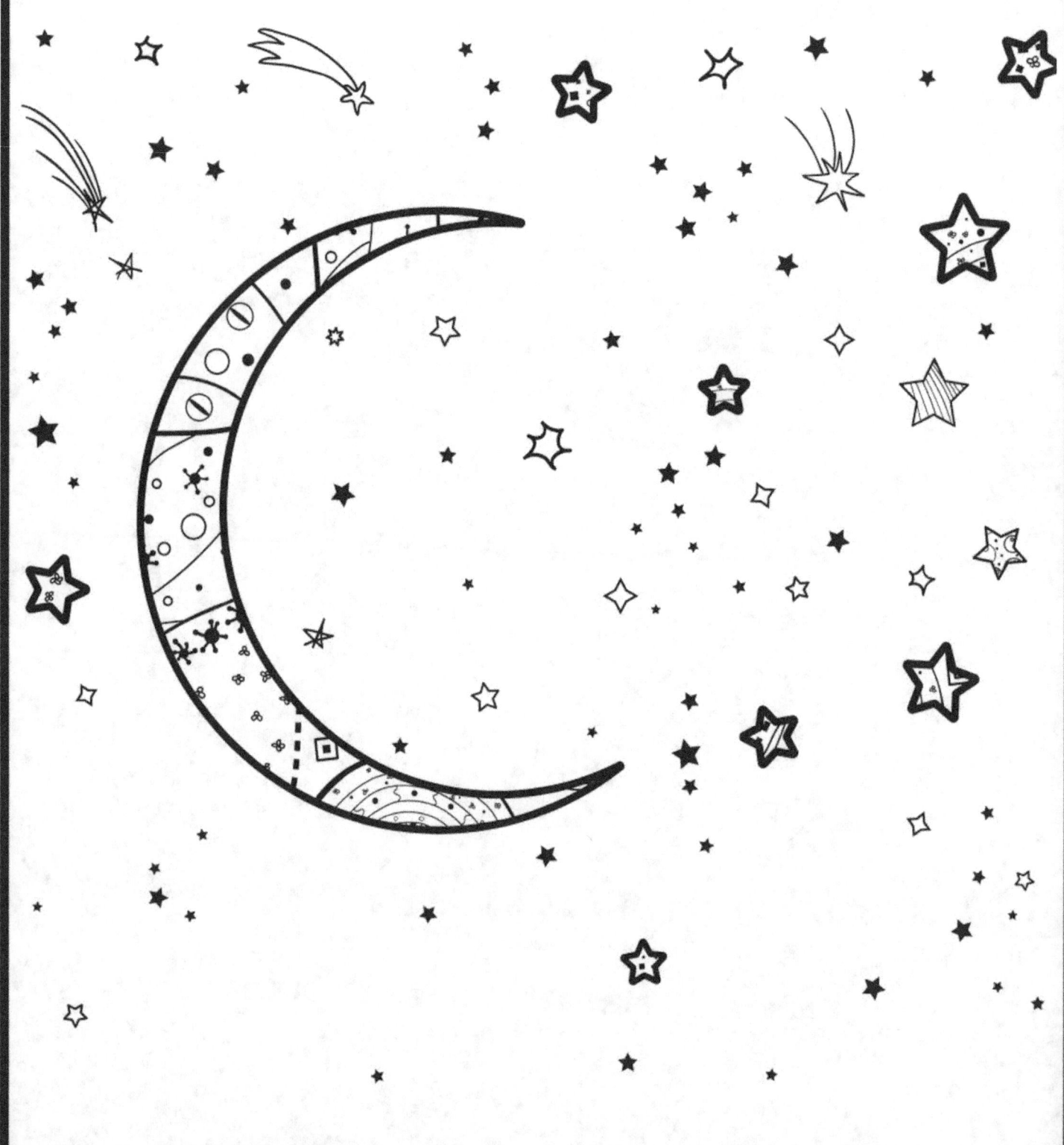

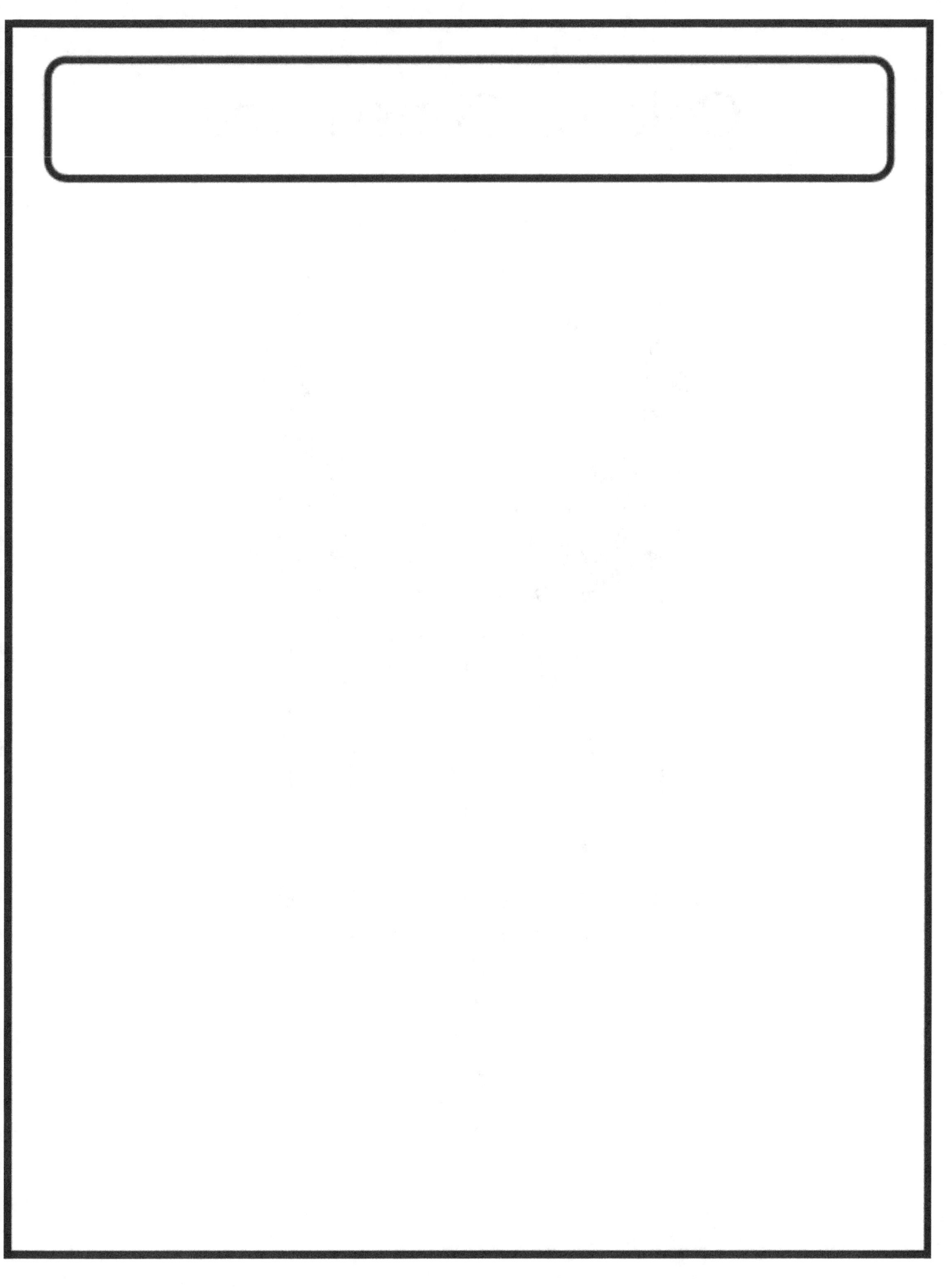

Colorez Cette Lune

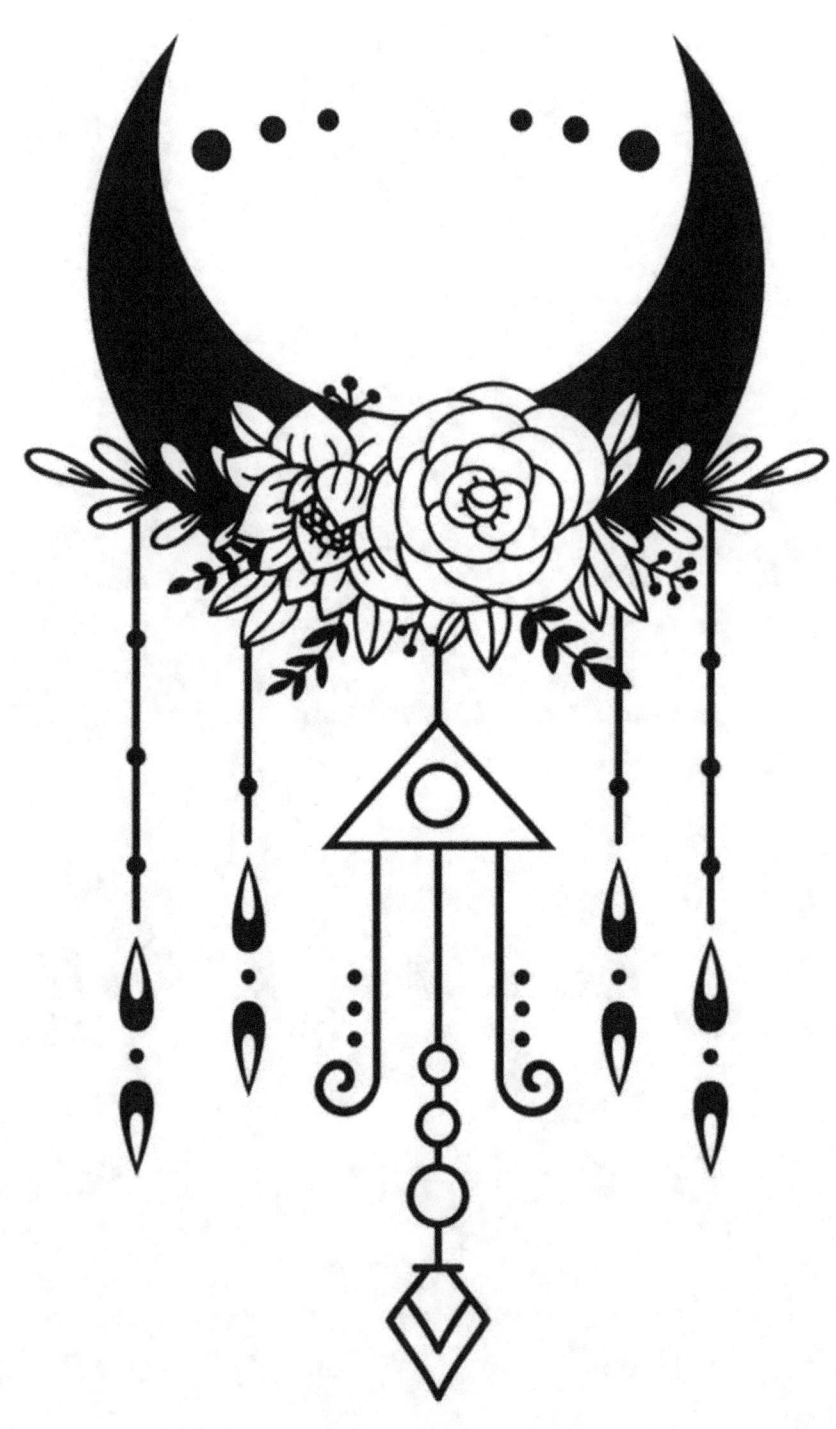

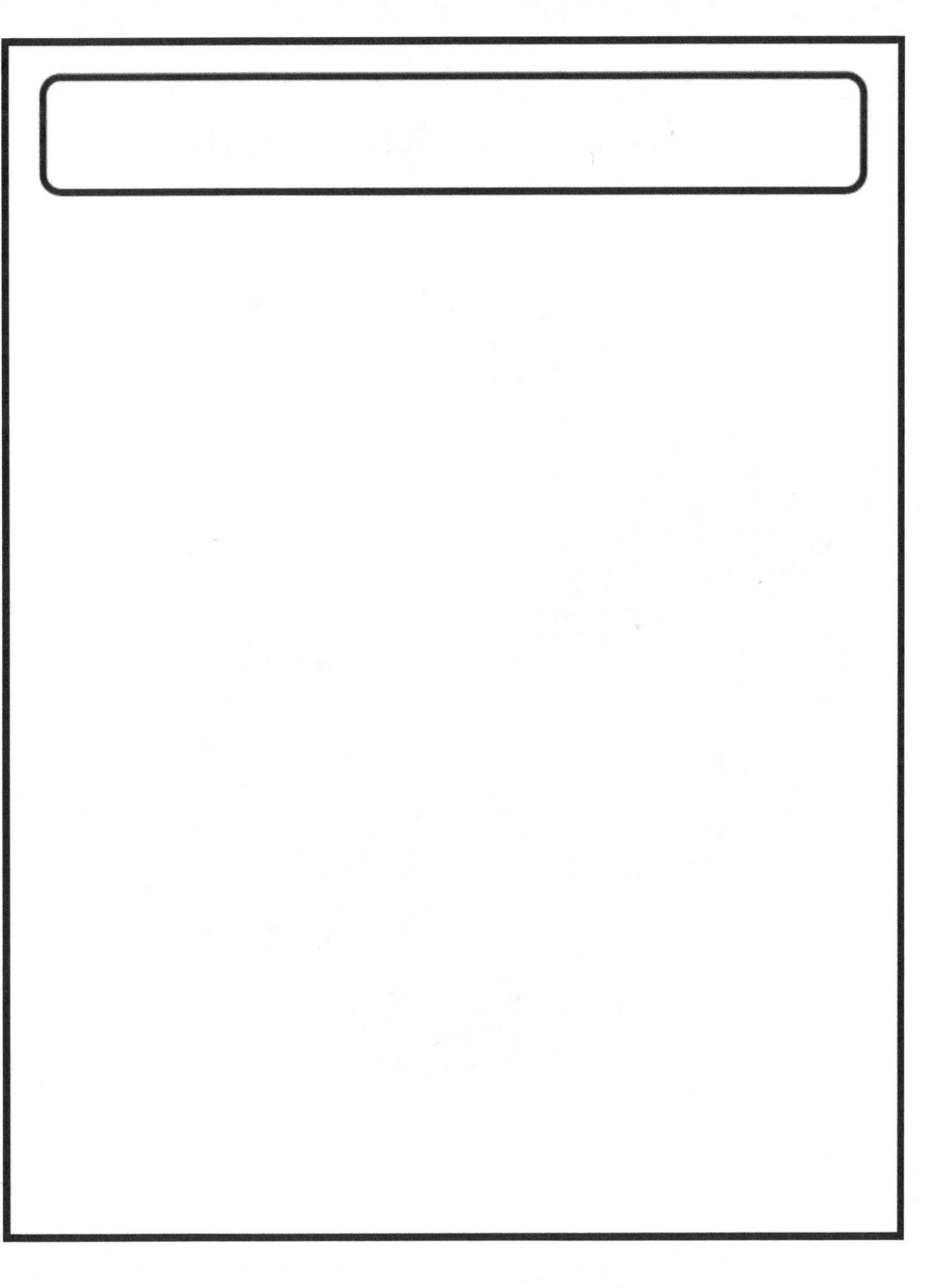

Colorez Cette Lune

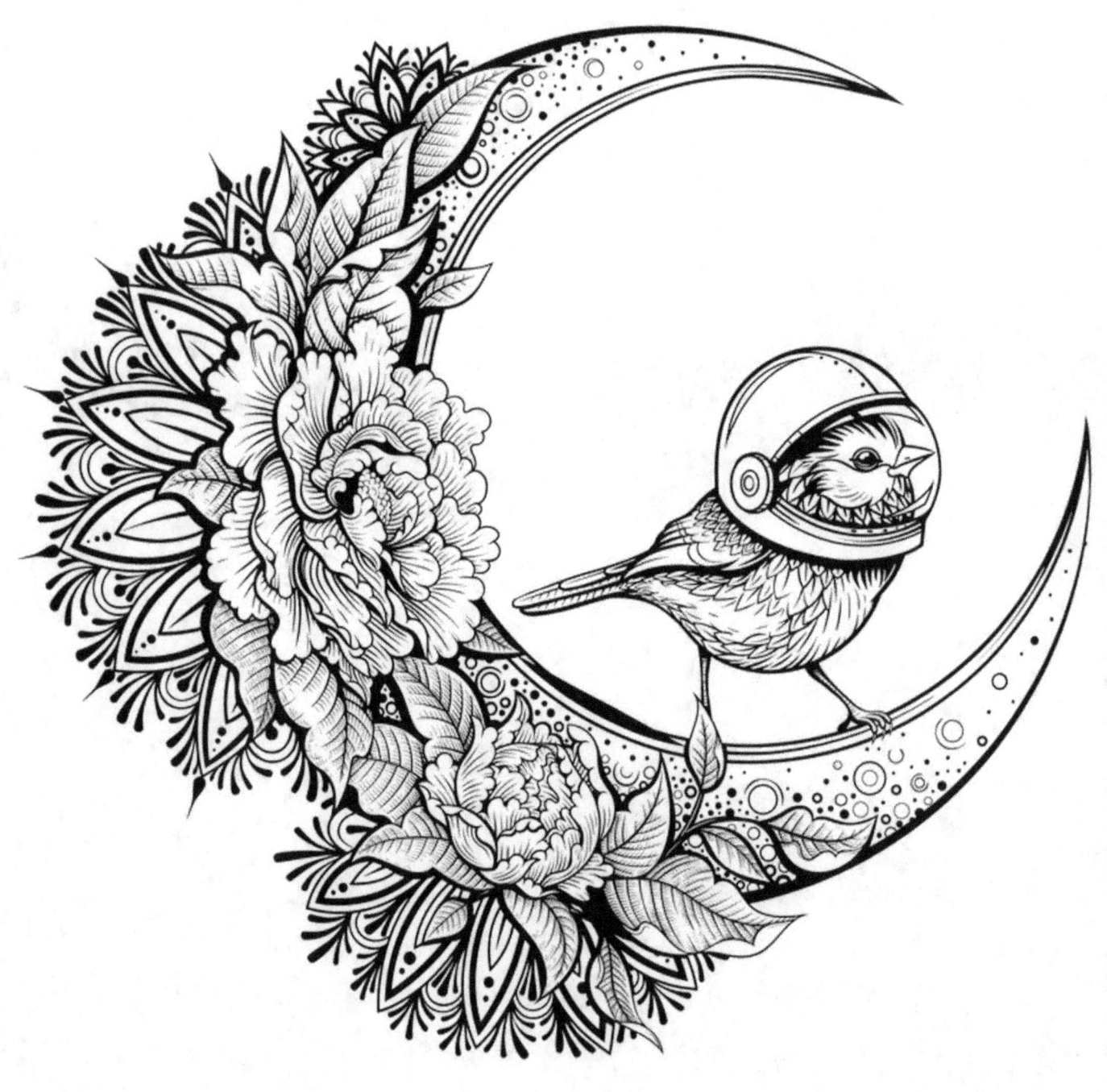

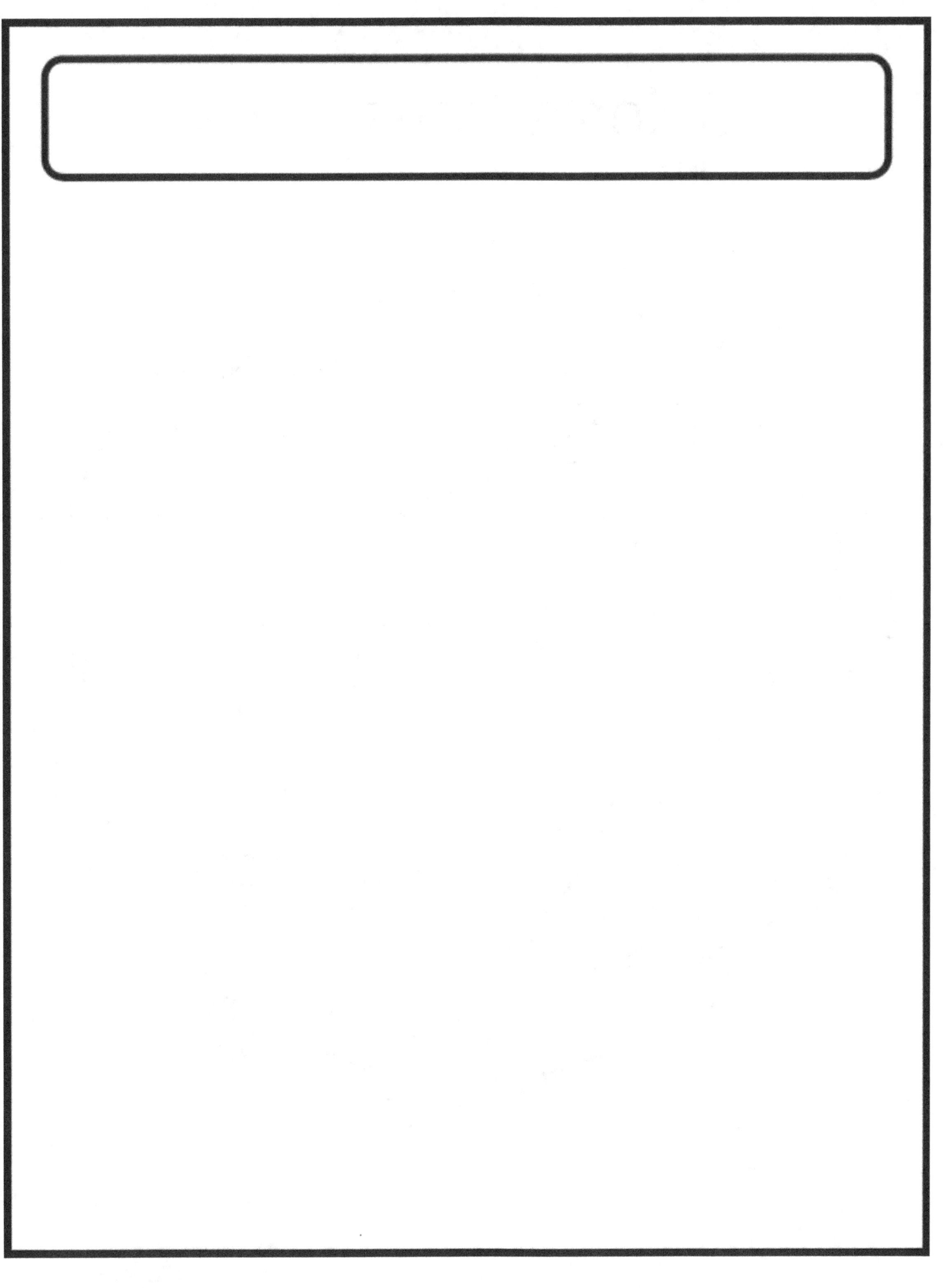

Colorez Cette Lune

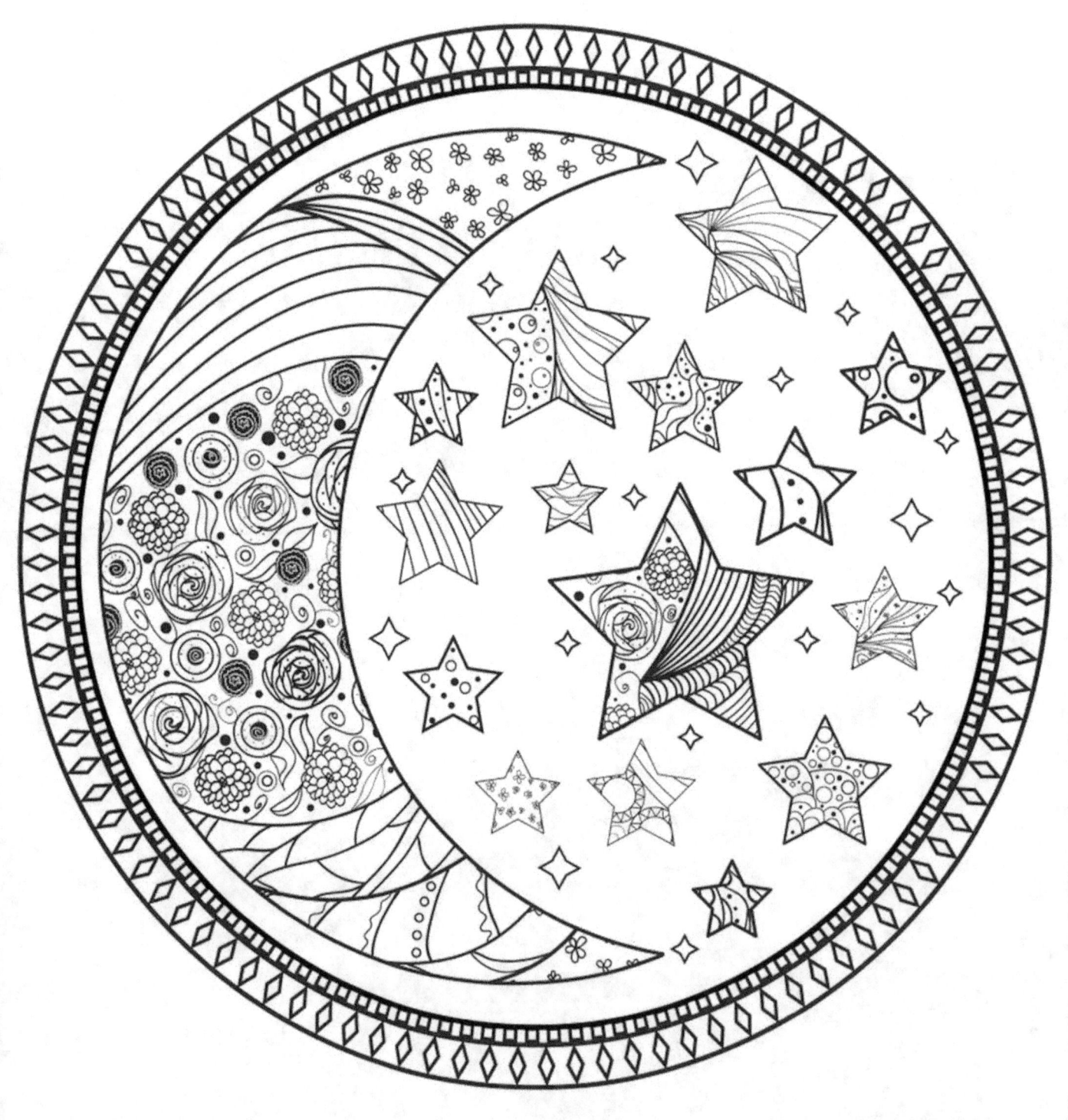

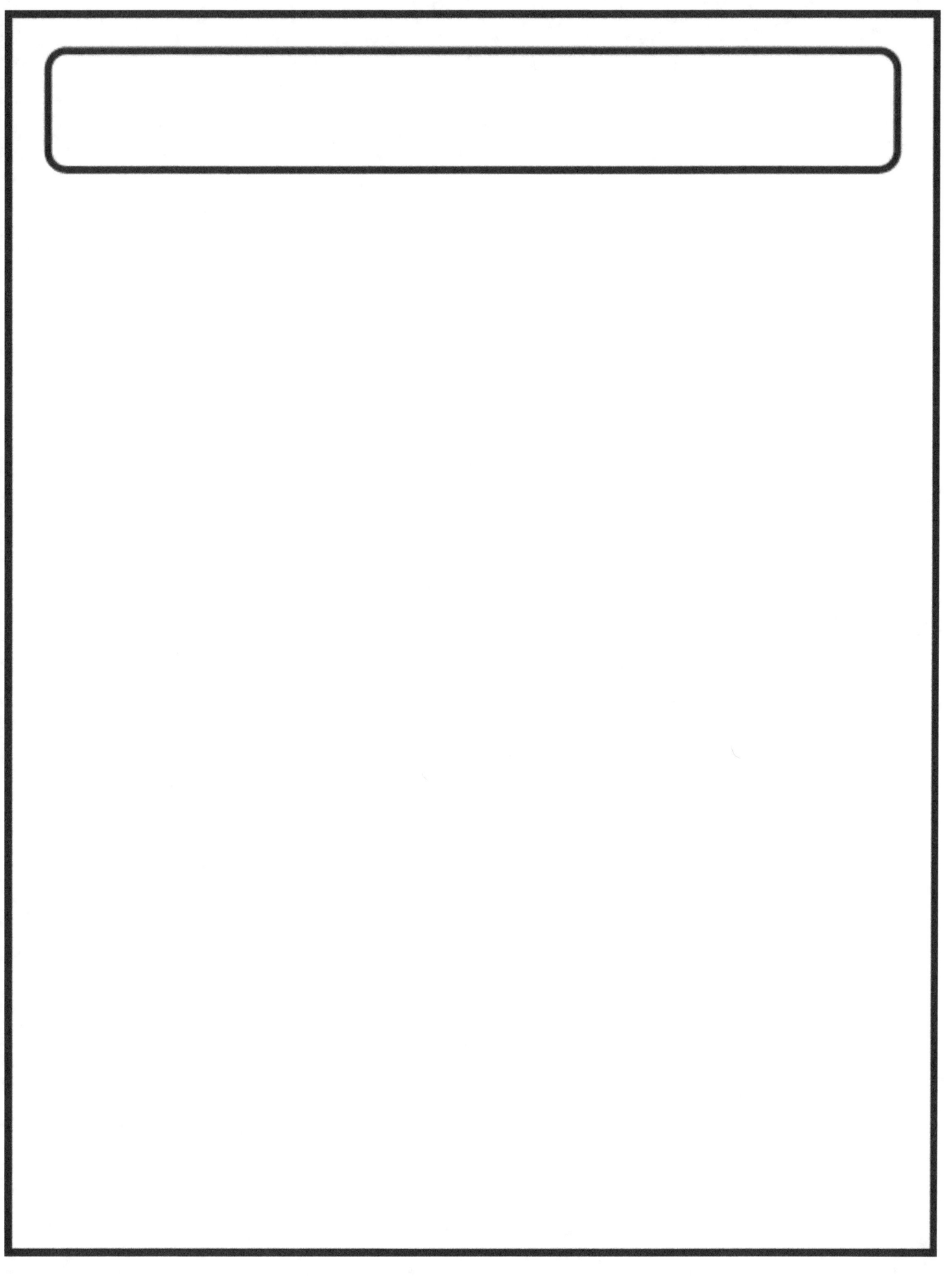